台湾ラーメン
味仙の秘密

《はじめに》

名古屋市営地下鉄東山線の今池で下車。改札を出て、今池ガスビル方向の9番出口を目指す。桜通り線の長い地下通路は、寒い夜や雨降りのとき便利だ。つき当たりに、ぎょうざの百老亭の看板。そこを右に折れ、長い階段を上って地上に出る。出てすぐ右手にのびる道は今池南3番通り。

昔にくらべるとずいぶんスッキリした。以前、このあたりはヤヤこしい店やコワそうなお兄さんがいて、若造はビビりながら歩いたものだ。

そこからもう一本南の、道幅も広い通りが今池南4番通り。入口の頭上に地名を描いたネオンがあって、明るくて健全なイメージを作り出している。角のカラオケ屋を右折すると、二〇メートル先に赤と黄色の看板の味仙が見えてきた。

五階建ての堅牢なビル。正面にある入口は透明ガラスの自動ドアだ。地下鉄今池の改札口からここまで普通に歩いて六分半だった。

いつもなら行列について並ぶのだが、今夜はかなりの量の雨が降っているし、夜の一〇時前なので、並ばずすんなり中に入れた。入るとすぐに、雨にぬれた傘を細長いビニール袋で包んでくれる。気のきいたサービスだ。

　店内はすいているのかと思ったら、一階は満席らしく二階へ通される。二階も満席に近い。ここのキャパは上下合わせて二九〇席。

　こんな天候、こんな時間なのに、なんでこの店はこうも込むのだろうと思いながら、とりあえずギョーザとカニの唐揚げをたのむ。

　早い。注文してからテーブルに届くまで、カニが三分三〇秒、ギョーザが

３番通りのやや奥まったところにある味仙

三分四〇秒。生ビールはもちろんその前に届いている。

三人でデザートの杏仁豆腐を食べていた隣席のサラリーマンが立ち去ったと思ったら、その席にすぐ女性客二人が座っていた。気がつくと、まわりに三組も女性グループのお客がいる。

雨の日でも行列ができたりする味仙本店

こんな風景は昔は見たことがない。夜の一〇時半過ぎに、一般の女性客が男をまじえず来店するなんて。四五年前の味仙を知る者にとっては、まったく信じがたい光景に見える。

中国台湾料理店・味仙は現在、今池本店、セントレア中部国際空港内、JR名古屋駅構内、大名古屋ビル内のほかに、八事、矢場町、藤が丘、名駅前、焼山、日進竹の山に合計一〇店舗ある。そのどの店も評判がいい。

なんで味仙ばかりがこんなに繁昌するのだろう。地下鉄の駅に近いなどのアクセスの関係？　調理するのが早くてお客を待たせないから？　店の近辺が明るくて安心して入れるから？　いちばん肝心な味が辛くて旨くて、一度食べると何度でも来たくなるから？

味仙の謎――。五〇年にわたって隆盛を続ける味仙の謎を追ってみたい。

第一章　不思議のまち・名古屋

魅力度ランキング

全国八都市魅力度ランキングというのを、わざわざ名古屋市が実施しているそうだ。北から、札幌、東京二三区、横浜、名古屋、京都、大阪、神戸、福岡。この中で名古屋がぶっちぎりで最下位なのだという。それも二回続けてのドベ《最後》。こうなると、逆に自慢しているようにも思えてくる。

この結果を受けて、名古屋市は対策会議を開いたらしい。自分らも低迷を予測していたのに、市の役人はどんな対策を立てるのか、一度聞いてみたい気がする。

この八都市に仙台、那覇を加えた一〇都市に拡大しても、さらに、広島、金沢を含めた一二都市でも、名古屋の位置は変わらないだろう。

それほど名古屋は魅力がないのか、と改めて真剣に考えてみると、そんなことないだろうと、長年ここに住み続けてきた者は思うのだ。

たとえば、野球の中日ドラゴンズも落合監督がやめてからずっとBクラス。ドベゴンズに甘んじているが、集客率では今年二位の東京ヤクルトを上回っている。だめだ、だめだといいながらも、けっこう応援している。マスコットのドアラ人気も衰えていない。

名古屋人には自虐癖があるのだろうか。「わたしってダメな人よねえ」といいつつ、喜んでいるのか。そんな面倒くさいひねくれ者ではないと思うが。ほんとうにこの街には魅力がないのか、在住者のひとりとして不思議な思いはある。

ただ、この魅力度というのは、行ってみたいという観光・行楽のランキングなのである。ちょっと時間ができたから、一日〜二日の休みに遊びに行ってみようかという時、頭に浮かぶのは○○や○○であって、名古屋という名は浮かばないということ。

そういうことなら、なんとなくわかる。

なんといっても、観光地としての知名度が低いことは自覚している。自覚しつつ、知名度を上げる努力をわざわざしようとは思わない。よその人が自分らのことをどう思おうが、そんなことあまり気にしない。

自分たちは機嫌よく暮らしているのだから、それでいいではないか。そんな気質がこの町の人にはあるような気がする。

気概のある名古屋

江戸時代、名古屋は東海道五十三次の宿場には入っていなかった。東からきた街道は、宮の渡し（熱田区）から海路を船で桑名（三重県）に渡り、名古屋の中心部には寄らずに京へ向かった。

でも、名古屋は徳川御三家筆頭の家柄の城下町で、ある時期、江戸をもしのぐ隆盛を誇った。その気概が今に受け継がれているのではなかろうかと思ったりする。

知名度ということについては、こんなことがあった。

名古屋市は世界の六都市と姉妹都市提携を結んでいる。二〇一一年の提携五周年に、市民親善使節団のひとりとしてイタリアのトリノ市に赴いた。あちこちでむこうの市民との交流があったのだが、ほとんどの人がナゴヤのことを知らない。どこにあるのかもわからない。

「どうなっとるの？」と添乗員にきくと、「そういう時はトヨタの隣というとわかるかも」という。トリノも車などの工業都市だから、世界のトヨタなら知っているというわけだ。

そんなことをいわれると、ちょっとムッとくる。世界では、名古屋は豊田より知名度が低いのか、と。そういうトリノ市もイタリアのどの位置にあるか、わかる人はそんなにはいまい。

ローマやナポリならだれでも知っている。それと同じだ。おまけに工業地帯としてイタリアの経済を支えているところまで、日本における名古屋

イベントの舞台でもある名古屋城

と似ている。両地が姉妹都市になる理由がはっきりした。

これは余談だが、そのとき団長としていっしょに渡欧した河村たかし市長は、武将隊をお伴につれ、公式会場で「名古屋の歌をうたいます」といって『燃えよドラゴンズ』をうたった。使節団のひとりとして恥ずかしかった。

自己アピール不足

市長は別にして、一般の名古屋人は自分のことを語るのに、かなり慎重である。口が固くて、正体を見せたがらない。

それは名古屋人が今もムラの中で暮らしていることと関係があるだろう。名古屋生まれの人は他の地域の人たちとくらべると、地元志向が非常に強い。生まれた町の近くに住み、小さい時からの友だちとずっと遊び、結婚して家族をつくり、狭いコミューン内で一生を終える。だから、自己アピールして目立つことは必要ない。

東京や大阪はいろんな地方から移住した人たちの寄せ集まりだから、自己主張しないと競争に勝てない。目立ってなんぼの世界だ。

首都の東京人は組織の中の勤め人。商都の大阪人は金儲けのあきんど。それに対して名古屋の町は物づくりの産都。

物づくりは職人だけでなく、農民や漁民も含まれる。彼らは一様に口が重い。頑固で、よけいなことはしゃべらない。

また、そのしゃべり言葉が問題だ。東京人はアナウンサーと同じ標準語を、大阪人は芸人といっしょの関西弁を駆使する。それに対して名古屋の言葉は明らかに不利だ。どういう言葉か、いちばんわかりやすい市長の記者会見を思い出してもらいたい。

「品がない」というのを「品がにゃあ」という。バカとかアホという意味の「たわけ」を「たーけ」という。連音化し拗音化された発音からは、泥臭さはあっても知性は感じられない。

だから、フツーの名古屋人は黙る。外部の人に名古屋弁で話しかけることはしない。寡黙になる。アピールしない。ゆえに、知名度も低い。ランキングも最低。と、こういう図式になる。

名古屋の魅力はロングライフ

日本主要八都市を魅力のある順に並べると、次のようになるそうだ。①札幌　②東京　③京都　④横浜　⑤福岡　⑥神戸　⑦大阪。で、名古屋は⑧。札幌の人気度が四一・七％なのに対し、名古屋はその二〇分の一の二・七％。札幌や東京の出張は泊まりでも歓迎されるのに、名古屋の出張は日帰りでもカンベンという人もいるらしい。

出張でそのくらいだから、転勤となるともう大悲劇と思われるが、引っ越して半年や一年は名古屋の悪口ばかりいっていたのに、二年過ぎ、三年くらいになると、パターッといわなくなる。

ちょうどそれが、最初まずいと思っていた八丁味噌の赤だしが、慣れてきて、うまいと思うようになる年月と同じらしい。手前味噌というくらい小さい時から舌にしみこんだ味噌汁の味は、不変不動で替えがたいものだが、三年もすると、味覚のツボも変わってくる。

最初はドブみたいと毛嫌いしていた赤だしが、違和感なく飲めるようになるころ、自身の名古屋観もいつの間にか変わっている。好きとまではいかなくても、嫌いではなくなっている。

はじめのころは、スラムがないのは大都会じゃない証拠とか、芸どころといいながら演芸場が寂しいとかいっていたのが、海にも山にも温泉にも近いし、家から会社までの通勤も楽だと、明らかにトーン・ダウンしてくる。

出張と転勤、観光と定住。短い訪問では気付かなかったことが、時間をかけることで発見するものが多くなる。名古屋の魅力はロング・ステイ・ライフの中でこそ見出せる。そこにはムラ意識の背景がある。どっぷりつかることで得られる安心感。

たとえば、日本で三番目の歴史をもつプロ野球球団・中日ドラゴンズ。あいかわらず低迷が続いているが、ペナント・レース終盤になっても、ナゴヤドームがガラガラになるということはない。ファンはありがたい。

そのドラゴンズの試合でよくあるパターンは、勝っている試合を七、八、九回でひっくり返される逆転負け。いちばん腹が立つ負け方だが、打たれたピッチャーが岩瀬、浅尾、田島だとすると、ファンの口惜しがり方が微妙に屈折してくる。

「あ〜あ。だけどアイツじゃ、しゃあないなぁ」

これが、又吉、祖父江、ロドリゲスになると、かなりヒート・アップする。

「ナーニィ、こいつら、ドたーけ。来年は巨人に売るぞ」

ぐらいでは済まないかもしれない。腹の立て方が違う。なぜそんなに差があるかというと、前者三名はみな地元の学校を卒業している。後者はそれ以外の学校を出ている。ただそれだけで扱いが違ってくるのだ。

名古屋人は地元の人間を尊重する。生え抜きを身内としてあからさまにえこひいきする。ひょっとして名古屋人は安倍政権より身内に甘いのかもしれない。

だから、外からきた人でも、「赤だしがうみゃあ」といえば、名古屋のことがだいぶわかってきたらしいと身内扱いをされるという現象が起きる。つまり、ムラの一員とみなしてくれるわけだ。

それと同時に、みんなといっしょに名古屋ムラにどっぷりつかれば、これまでダサく思えていたことも、ごく普通のこととして受容できるようになる。両方からの歩み寄りによって、名古屋に転勤・移住してきた人は、三年で名古屋帰化人となるのである。

そして、いよいよ名古屋で老後を迎える段階になると、いいことが待っている。御老公の印籠の如きもの＝名古屋市敬老手帳がもらえるのだ。

これを窓口で示すと、動物園であろうが、名古屋城であろうが、科学館、徳川園など名古屋市の施設は軒並みに一〇〇円で入場できる。水族館やテレビ塔はさすがに一〇〇円というわけにはいかないが、それでも大幅割り引きになる。市営プールなどは、高齢者回数券を使えば一回八〇円で泳げる。

さらに、敬老パスがあれば、地下鉄・市営バスが乗り放題なのだ。これは大きい。名古屋人は「お得」ということばが大好きなのだが、敬老パスは文句なしにオ・ト・ク。ただし、年間五〇〇〇円（所得によって金額に差はある）払わねばならないが。

このパスのおかげで、名古屋在住の高齢者は交通費を気にせず外出できる。これで元気な人が多いし、ＰＰＫ（ピンピンコロリ）度数も高くなってくる。

こうして、〈名古屋に行ってみた人〉と〈名古屋に住んでみた人〉との評価はまるっきり違ったものになる。魅力度ランキングなどという短期的な物の見方など相手にしなくてもよい。名古屋市の対策委員会も、観光客を呼び込む対策などはやめておいて、移住者を招く対策を講じた方が、将来の税金収入を考える上でもずっと得策だ。

かくいう筆者も、二〇歳代前半に名古屋にはじめて迷い込んだころは、ご当地の悪口ばかりをいっていた。「なんでここは芋娘ばかりなんだ」「名古屋人のみやげは重たいものさえやっとけば喜んどる」「しょせんパチンコ発祥の地なもんで……」。

郷里の友だちを呼んで、名物の味噌煮込みうどんを食べさせたら、真剣な表情で「いかん。これは食えんぞ」といって怒りだした。われわれは子どものころから本場の讃岐うどんで育った香川県人だったので、あの半煮え状態のミソニコは許せなかったのだ。

それが、あろうことか芋娘を嫁にし、気がつけば名古屋で三七年間も商売をしていた。人生の落とし穴に落ちたみたいに、名古屋にはまってしまっていた。住めば都ではない。ここが都だったからこそ住み続けたのだという思いである。

京都や東京のあの混雑ぶりをながめれば、観光客のいない観光地・名古屋というのは、かなりインパクトのある呼び込みフレーズになると思う。

第二章　名古屋めし、のこと

初めは気恥ずかしく

「なごやメシなどという食いもんを真顔で探しとんのは名古屋人なんかじゃあれせん。非名古屋人だ。つまり、あれは『外人』の食いもんなんだわ。

名古屋の何百年にわたる長い長い『食』の歴史のなかで、『なごやメシ』などというイカモノがチヤホヤされるようになったのは、ほんのここ数年の現象だでなあ。つまり一過性の、表層的な、単なる『ブーム』にすぎんのだ」（諏訪哲史「あじくりげ」二〇〇九年一二月号）。

諏訪さんといえば地元の学校出身で、『アサッテの人』で芥川賞をとった郷土の作家である。『りすん』というユニークな小説、『スワ氏文集』という名古屋のことをユーモラスに書いたエッセーなど、多彩な表現活動をしている。

ここでとり上げられている「名古屋めし」という言葉が初めて登場したのは、二〇〇一年のことだといわれている。

名古屋の外食企業ゼットンの創業者・稲本健一氏が考案し、いい始めたらしい。同社が東京に進出するにあたり、赤みそフードのメニューを総称するわかりやすい言葉を模索していた。

当時、東京ではやっていた「イタめし」にひっかけて、「なごメシ」はどうかとの提案に、「ちょっとわかりにくい。いっそのことストレートに名古屋めしにしよう」となった。

東京でいい出したこの言葉がIターンするみたいに、メディアを介して名古屋にも広まっていった。だが、諏訪氏のこの文が「あじくりげ」に掲載された二〇〇九年には、いまひとつ定着してはいなかったのかもしれない。

たしかに、名古屋めしという言葉が出始めたころは、耳慣れないこともあって、どこか気恥ずかしい胡散臭さみたいなものが漂っていた。それを作家の感受性は見逃さずに、コラムでこういう書き方をしたのだろう。

今は観光の目玉に

二〇一八年の今、名古屋めしという言葉ははっきりとしたイメージをもって存在している。もうそこには、気恥ずかしさも胡散臭さもない。名古屋が誇る食の文化といいきれるのではないか。

名古屋観光の目玉は、名城に次いで名飯。その証拠に、さきの八都市魅力度ランキング調査で、名古屋の観光資源を尋ねる質問では、一位・名古屋城、二位・特になし、三位・名古屋めし、四位・熱田神宮、となっている。

この答の真意は次のうちのどちらだろう。

名古屋城三の丸にオープンした金シャチ横丁

ひとつは、そのくらい名古屋は観光スポットが少ない。もうひとつは、そのくらい名古屋めしはインパクトが強い。

そこで名古屋市は名古屋城正門脇に、名古屋フードの店舗を集めた「金シャチ横丁」を二〇一八年に新設した。名城と名飯をセットにしてお客を呼び込もうという安直な考え。このプロジェクトの裏には魅力度第七位の大阪の影響が見える。

大阪の名物は御存知タコ焼き。食いだおれの街といわれる中で、タコ焼きの収益など微々たるものと思っていたら、大阪城入口にあるタコ焼き屋さんが高額脱税をしていたことがわかった。

大阪城のタコ焼き屋はそのくらい儲かるのだ。名古屋城だって横丁をつくって名古屋フードを並べれば、高税収が見込めるのじゃないか、とお役人らが考えたとしてもおかしくない。

この大阪城タコ焼き脱税事件と、三重県伊勢神宮のおかげ横丁のいいとこ取りをしてできたのが、ピカピカの金シャチ横丁。ある一部で噂されている、パクリの名古屋といわれる所以である。

すり寄らない姿勢

名古屋めしとはいったい誰が決定して、どれとどれがそれに該当するのか。市役所や保健所に名古屋めし課というのがあって、そこで決めているのか。はたまた、ミシュランとか、ギネスとか「あじくりげ」とかいった特定の団体や機関が認定するのか。いったい、どれとどれとが正式な名古屋めしなのか。そのへんがどうも曖昧なのだが、それでもそんなことにあまり目くじらをたてずに二〇年近くやってきた。それははじめから差別化・区別化を目的にしたのではなく、なんとなくみんなが「うまい」といい、地元に根づいた食べ物であればそれでよしとしてきたせいであろう。

なにをもって名古屋めしというのか、という問いにも明確な答えはない。

たとえば、豊橋の新名物にカレーうどんがある。

豊橋カレーうどんの特徴は、どんぶりのいちばん下に山芋トロロのかかったごはんが入っている。その上にカレーうどんを盛り付けるスタイル。トロロごはんなしでは豊橋カレーうどんとはいえない。

こういう明解な選別法が名古屋めしにはないが、共通するのはみんなB級フードだということ。ひとつだけ、ひつまぶしは昨今のうなぎ高騰化によってB級の値段ではないかもしれないが、そもそもうなぎは庶民のスタミナ源だったので、仲間内の筆頭として重きをなしている。

そして、概してみんな濃い目の味つけになっている。それは名古屋人の好みに合わせてそうなったのだろうが、このことからしても、名古屋が物づくりの街・産都だということがわかる。職人、農漁民は濃い味つけを好む。

さらに条件のひとつに、長い時間かけて名古屋人に愛されてきた食べ物であること。いわゆる、街起こしとか活性化の方策として、創作グルメ・フェアみたいな催しをやり、新しい魅力を創り出そうとする新興地域がある。その土地の産物にオリーブオイルやチーズやハーブをまぶして、インスタ映えを狙う。トレンドとかいうものに迎合して、若者におもねる。

そういう新規に生み出された創作料理ではなく、むかしから、携帯電話が出てくる前からあったもの。そして、それが条件というわけではないが、大かたが茶色っぽい食べ物。

つまり、B級で安直で濃厚味で茶系統で、それを名古屋市民がふだんから好んで食べ続けてきたもの。それが「名古屋めし」と呼ばれるのではないか。

だから、同じ赤みそで煮たおでんでも、一人前が七二〇〇円もする店のおでんは名古屋めしとはいい難い。また、奇抜さを売り物にした喫茶店の甘口抹茶小倉スパゲティなどというのも、ちょっと違うだろうと思う。

自分からすり寄る形でのパフォーマンスはたいてい受けない。名古屋市が魅力向上の情報発信に向けて作成したハートがふたつ重なったロゴマーク「名古屋なんて、だいすき」も、名古屋の名所を歌詞にちりばめたご当地ソング「でら凄っ！　名古屋」も売れてない。

自分で自分のことを大好きといったり、凄いというのは、逆のアピールとして受けとられやすい。すり寄るさもしさがすけて見えるのだ。

もっと堂々と、「きらいならきらいでいい」くらいの開き直った自己表現の方がいっそスッキリする。名古屋めしには、「他人がどう思おうが、自分が好きなんだからええじゃないか」といった図太さがある。そういう態度が他国の人をも圧倒して、人気が拡散しているのではないか。

「むかし名古屋は城でもつ。いまの名古屋はメシでもつ」

木造天守の建て直しもいいが、産都食としての名古屋めしの拡充・グローバル化の方が安くつくのではないか。

第三章　台湾ラーメン、のこと

ご当地ラーメンの先駆者

認定機関のない名古屋めしだが、大方の人が認めているものと、私的に追認しているものとがあると考えていいと思う。例えば……。

大方＝うなぎのひつまぶし、味噌煮込みうどん、きしめん、台湾ラーメン、手羽先、牛すじドテ煮、喫茶モーニング、あんかけスパ、鉄板ナポリタン、天むす、味噌かつ……。

私的＝えびフライ、うどんコロ、みそきし、カレーうどん、カレーライス、赤から鍋……。

甘味＝ういろう、鬼まんじゅう、小倉トースト、生せんべい、玉せん……。

こうやって見ると、名古屋めしには麺類が多い。うどん、きしめん、ラーメン、スパ。どれも市内のいろいろな店で食べられるが、どうせ食べるならここが本舗という発祥の店で食べたい。

名古屋でラーメンといえば、台湾ラーメンか寿がきやラーメンが有名だ。ただ、寿がきやラーメンは寿がきやの店舗でしかオーダーできない。

その点、台湾ラーメンは発祥の店・味仙以外の店でも食べられる。ラーメン専門店で寿がきやラーメンを出している店はあまり見たことがないが、台湾ラーメンをラインナップに加えているのはよくある。

今やラーメンはうどんや蕎麦をしのぐ日本の麺類の王様だ。海外にある日本食の店でも、寿司屋よりはるかに多い。

全国のラーメン専門店の数は実に三万五〇〇〇軒にもなり、そのどんぶりの中身も日々進化している。うどんのダシ汁にハムとナルトをのせただけの昔風の中華そばから、超高級食材のズワイガニやフカヒレの入ったスペシャル・ラーメンまで、味も値段も千差万別。まさにラーメン界は百花繚乱の時代を迎えている。

ひと昔前、ご当地ラーメンという言葉がよく使われた。うどんが大好きな県、麺といえば日本蕎麦という県でも、ラーメンの店はある。ラーメンはだいたいどこに行っても食べられる。

だが、全国どこでも同じ味というわけではない。その地方独自の調理法、食材の使い方などに特徴があり、それらを地域ごとにまとめて「ご当地ラーメン」と呼んだ。

北は北海道の旭川ラーメンから、福島の喜多方ラーメン、岐阜の高山ラーメン、広島の尾道ラーメン、四国の徳島ラーメン、九州・福岡の長浜ラーメンなど。

これらは地域ごとにその地方に共通する味と調理法がある。徳島ラーメンなら、チャーシューの代わりに甘辛いタレで煮込んだバラ肉が入る。卵も煮たものでなく、生卵を使うのが特徴だ。

長浜ラーメンなら白濁の豚骨スープに匂い消しの紅ショーガが入る。富山のご当地ラーメン富山ブラックはしょうゆダレの分量をふやしてスープを黒くし、食べる前に粗挽きコショーをふる。喜多方はちぢれ麺だが、高山はストレートといった具合。

名古屋ラーメンとは

それでは、名古屋地方にもご当地ラーメンはあるのかというと、実はある。あるのだが、名古屋ラーメンという呼び方はしない。愛知ラーメンともいわない。台湾ラーメンという。

ええ？　あの台湾ラーメンが名古屋のご当地ラーメン？　と、いぶかる人もいるかもしれないが、台湾ラーメンは名古屋で生まれ、トウガラシとニンニクを効かした豚ミンチを使って激辛に仕上げるレシピはどの店でも共通している。そして、名古屋人に広く愛されている。

現在、名古屋市内にある約四八〇軒のラーメン店のうち、二五〇店以

台湾ラーメンを生んだ味仙本店

上が台湾ラーメンを出している。これはもう名古屋のご当地ラーメンといっても十分な数字であろう。

それについては次のような笑い話がある。

食いしん坊の名古屋人Aさんが、食の宝庫といわれる台湾へ食べ歩きの旅に出かけた。台湾は距離的にも金銭的にもいちばん行きやすい外国といえる。それに、なんといっても親日的なので、プライベート行動をしても安心だ。

小籠包《ショウロンポウ》や担仔麵《タンツーメン》、台湾スイーツなどを食べ歩いた。いよいよ最終日になって、あることに気付いた。

「そういやぁ、あの激辛の台湾ラーメンをまだ食べてないぞ。せっかく本場にきているのだから、味仙以上の台湾ラーメンを食べてみたいものだ」

いろいろ聞いて、あちこち探しまわったが見つからない。とうとう帰りの飛行機に乗る桃園国際空港まできてしまった。

失意のまま、飛行場のロビーを歩いていたとき、なつかしい香りが鼻先をくすぐった。ニンニクとトウガラシの混ざった強烈な匂い。「これだ！　こんなところにあったのか。やっと見つけたぞ。本場の台湾ラーメン、ひとつください」

意気込んで注文すると、店員が「お客さま。これは台湾ラーメンではありません。名古屋ラーメンといいます」

ネーミング考

この激辛ラーメンはなぜ台湾ラーメンと呼ばれるようになったのか。そのことについては以下のようないきさつがある。

この麺料理をつくったのは名古屋・今池の台湾料理店「味仙」の郭明優さん。最初は店の内部の人たちが、小腹がすいた時に食べるように、台湾の担仔麺をまねてつくっていたまかない食のようなものだった。

それを見た店の常連客が、「うまそうだな。おれにも一杯つくってくれ」というので出してあげたら、「これはうまい！」と気に入られた。そして、ぜひメニューの中にいれるようすすめるので、さらに研究と試作を重ねていよいよ完成。さてそれで、味仙の菜単（菜譜）に書き加える時、何という名前にするか……。

「台湾人の料理人がつくったので台湾ラーメンでいいか」

気軽にそう考えて、台湾ラーメンとした。昭和四五年ごろ、郭さんが三〇歳ぐらいのことだった。

いかにもざっくりとしたネーミング秘話である。もしそこで、これはウチでつくったオリジナルの新作ラーメンだから、自分の店の名の宣伝のために、味仙ラーメンとでもしておこうとしていたら、こんなにも広まることはなかったかもしれない。ほかの店もコピーをつくらず、名古屋めしにも入らなかったかもしれない。

ヒントになった台湾の担仔麺

商売をしていると、目先のことに気をとられがちになる。ちょっとでも自分に有利にはたらくよう、物事をすすめることが多い。そんな中でセコく考えず、鷹揚に構えた店主の心意気が、今日の成功を生んだようにも思える。

商標登録のこと

こうして誕生した台湾ラーメンだが、各方面に強烈な印象を与えたようで、インターネットのない時代ながら、クチコミでその名が広まっていった。

うわさを聞いて一度食べたお客は、自分のなじみのラーメン屋でも台湾ラーメンの話をする。とにかく、辛くて旨いらしい。食レポを聞かされたラーメン屋のおやじも気になる。まねて自分の店のメニューに加えたら売れるかもしれない。

だから、あの当時の味仙の店内には、自分のところの営業が終わったラーメン店主が味を盗みによく来店していた。味仙店主の郭さんはそんなことも十分承知していたが、そういうお客を別に邪険にすることもなく、ここでも鷹揚に対応した。

味を真似る、ということは口でいうほど簡単ではない。それらしいもの、それに近いものはできても、あとひとつ何かが足りない。そこがもっとも肝心なのだが、八割がた似ていれば普通のお客は納得してくれる。

そういう擬似台湾ラーメンが各ラーメン店で出回るようになった。そんな情勢を知った銀行の支店長が、味仙の郭さんに忠告した。

「早く台湾ラーメンの商標登録をしなさい」

登録すれば、方々の店からパテント料がとれる。しなければ、これからもっと他の店でも、台湾ラーメンの名前が勝手に使われてしまうことになる。

しかし、郭さんはその提案をことわった。

「いろんな店が台湾ラーメンを出してくれるのは、ウチを宣伝してくれているようなものだ」

自信と自負がなければ、なかなかいえない言葉である。

味仙という店の名前も、漢字をかえて同じ読みの、まぎらわしい店名の店がオープンするまでになった。それに関しても、特に事を荒立てることはしなかった。

このごろは、ちょっとした類似表示でも、すぐ損害賠償を求める訴訟を起こす店が増えてきた。味仙の場合、台湾ラーメンでも店の名前でも、真似されるということはそれだけこっちがビッグになっているという証みたいなものだと考える。人間の度量が大きい。

世間の人も、台湾ラーメンの発祥の店はどこかをよく知っているし、味についてもどこの店がいちばんおいしいかよくわかっている。

台湾ラーメン辛さの謎

台湾ラーメンが生まれてだいたい四五年になる。今や名古屋を代表するラーメンになっただけに、この味を知らない名古屋人はいないのではないかと勝手に想像している。

すでにおなじみの味となった台湾ラーメンだが、これを初めて口にした時のおどろきを思い出してほしい。スープを一口すすって、「ムフッ」とむせて、あわてて口を押さえたのではなかったか。その辛さにあきれ、おどろき、怒り、笑いだしはしなかったか。「なに、これ!」といわなかったか。

とにかく、今までの辛さの概念をこえた辛さではなかったかと思う。この辛さは初めから計算して創り出されたものなのだろうか。手本となるラーメン、モデルにすべきスープがなかった中で、いきなりこの辛さが出てくるものなのか。それが不思議でしょうがないのだ。

落語や講釈の噺に「濁酒が清酒になった瞬間」というのがある。

江戸時代、灘か尾張の酒を船で江戸へ運ぶ際、乗組員同士が船内でケンカをし、大暴れをしているうちに、置いてあった火鉢の灰があやまって酒樽の中に混入した。

そんな酒はもう捨てるしかしょうがなかろうと思っていたら、江戸に着いたころに濁っていた酒がきれいに澄んだ清酒に変わっていた。それ以来、日本酒は濁り酒ではなく澄み酒になったという。

怪我の功名というか、禍を転じて福となすというか、ちょっとしたハプニングが思わぬ幸運を呼んだ、という話である。ほんとうにあったことなのか、あとから講釈師がくっつけた伝説なのかはわからない。ただ、台湾ラーメンの辛さもこれと同じような都市伝説はなかったのだろうか、と思ったりする。

それは、いちばん最初のころ、まだ台湾ラーメンという名前もついていなかったまかない食のころ、試作中にひとりの常連客が「オレにも食わせろ」といってきた。そこで何かが起こった。火鉢の灰的な何かが。

ところがその人はヒーヒーいいながらも完食して、顔をしかめながら「ウウー。か、辛いけど、旨い！」とくやしそうにいった、とか。

とにかく何かの間違いではないかと思うくらい、衝撃的な辛さだったということをいいたいのである。

これぞホームラン商品

きっかけは辛さだった。

熱つ熱つの辛いラーメンが若者の舌とハートを刺激して評判を呼んだが、ただ辛いだけではこんなに長いあいだ世間の人気を保つことはできない。大盛りという量とか、三分間以内で完食すればタダとかのコスト・パフォーマンスだけでは生き残れないのがこのラーメン業界のシビアなところ。

台湾ラーメンが誕生して四五年だが、いま味仙のどの店に行っても若いお客であふれている。ということは、この味が親から子へ、子から孫へと食べ継がれていることを示している。

辛いという遊戯的な要素もあるが、辛さをとっかかりにして「もう一度食べたい」「もっと食べたい」というドーパミン作用をひき起こしている。辛さの底にはきっと何かがある。

『ミシュラン・ガイド東京2017』には、ラーメンで☆を獲得した店が二軒あるそうだ。ラーメンはいまや外食の王様といわれるほどだが、SNSでもてはやされるのはいわゆる〈創作ラーメン〉という凝りに凝った逸品。職人気質の店主が採算も労働時間も度外視してつくる究極のラーメンである。店頭にはたちまち行列ができ、六時間待ちという店さえあるらしい。

それらを下支えしているのが、一日一杯は必ず食べるというラーメン愛好家たちだ。がっつり系のスープはもうあきて、動物系と魚介系をミックスさせたダブル・スープのラーメンとか、ただいま研究中でメニューにはのってない期間限定のラーメンとかを、インターネット情報で調べて食べ歩く人たち。

味仙のお客もたしかにリピーターが多いが、台湾ラーメンはラーメン狂の自己表現から生まれたものではない。手羽先やスブタや青菜炒めなどの、台湾料理のひとつとして誕生した。だから、ラーメン・マニアが額にしわを寄せて食べるようなオタク・ラーメンとはちがう。

それでも、何度もくりかえし食べたくなり、食べた人は人に吹聴したくなり、常連の群れに入っていく。

味仙にとって台湾ラーメンはヒット商品ではなく、ホームラン商品といえよう。これひとつでヒット四本分の価値がある。

歌手でも、ヒット曲がひとつあればその一曲でずっと仕事にありつける。台湾ラーメンはヒットではなくホームランなので、味仙の二代三代四代くらいまで大丈夫。ずっと安泰である。

リピートの謎

辛いものにはくり返し食べたくなる麻薬のような成分が含まれているのだろうか。しばらく食べないでいると、体がふるえるような発作が起こるとか、食べたくて赤いどんぶりの幻覚を見るとか、想像するだけでツバを呑み込むので、すぐに喉がかわくとか。

そんなことはない。

トウガラシの辛みは、三叉神経という痛みを感じる神経で受容される。強烈に辛いものを食べると、辛いというより痛いと感じることがある。

つまり、辛みは不快をともなうのに、その辛さをわざわざ五倍、一〇倍とふやした料理を好む人たち。そういう激辛マニアは、三叉神経がこわれているのではなく、辛さ=痛さに耐えるマゾ的快感を味わっている。不快の反動として、そこに快感を感じる倒錯した歓びを得ているのだ。

辛（からい）という字は、幸（さいわい）という字に似ている。ヒーヒー悲鳴をあげながらも、彼らは幸福なのである。

台湾ラーメンをくり返し食べにくるリピーター。それはなぜか？という問いに、単に辛いからというだけでは、十分に説明したことにはならない。

味仙の台湾ラーメンは辛いだけでなく旨みがある。辛みと旨みの融合が一見客をリピーターに変える。

では、旨みはどこから来るか。それはダシである。日本料理でも中華料理でも、おいしさの基本はダシだ。動物系、魚介系、野菜系それぞれからダシがとれる。それらの調合の仕方によって、それぞれの店の料理の基本の味がきまる。

マウスを使った実験でも実証されているが、われわれ動物は脂肪分＝油を好む。それが生命の維持にかかわる栄養素だからであり、本能としてそれを知っている。

味仙の台湾ラーメンは、鶏ガラからとったダシ・スープと、ニンニクとトウガラシの旨辛味と、豚ミンチの脂肪の三要素がお約束になっている。この三要素がからまった中華麺＝炭水化物を摂取すると、脳内にドーパミンがばんばん出、扁桃体においしさ信号がどひゃどひゃ届き、依存性をともなった病みつき症候群があらわれるという次第だ。

発祥地の謎

「こんなことになるとは思ってもみなかった」というのは、台湾ラーメンを最初に手がけた郭明優さんの正直な述懐である。

世の中の流れと、いくつかの幸運と、家族きょうだいの結束とで、いまや名古屋で台湾ラーメンを知らない人はいないくらいにまで有名になった。

現在、郭家の長男の明優さんが今池本店、セントレア空港店、ＪＲ名古屋駅うまいもん通り店、大名古屋ビルヂング店を経営。次男の茂藏さん家族が八事店、長女・麗華さんが矢場町店（下坪店は休業中）、次女・黎淑さんが藤が丘店と柳橋中央市場の名駅店、四男・政良さんが焼山店、日進・竹の山店をそれぞれ独立採算制で経営している。

それらはすべて中国台湾料理「味仙」という名だが、いわゆるフランチャイズ店ではなく、五人のきょうだいが親元から独立して出店した形になっている。ＦＣなら本部のセントラル・クッキングされた商品を使うので、どの店で食べても同じ味だが、味仙の場合はきょうだい各店で微妙に味が異なる。そこがおもしろいところで、どこの味仙の味が自分に合うか、今池を総本山として、各店を食べ歩く「味仙巡礼ツアー」

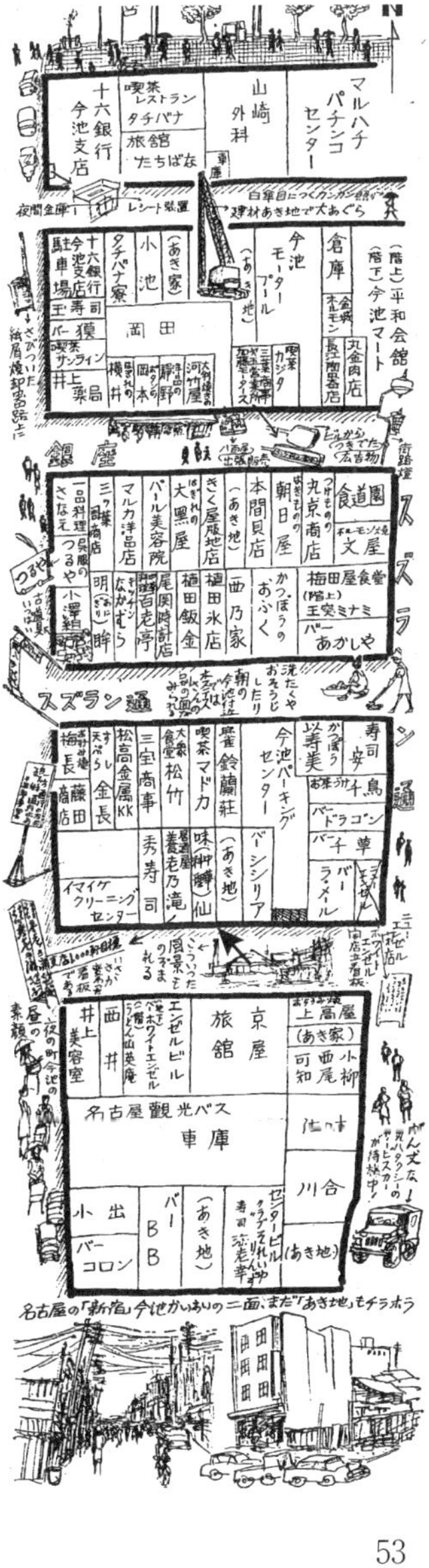

昭和四一年七月二四日付の名古屋タイムズ（同アーカイブス委員会提供）

をしてもおもしろいだろう。

あるカップルが有名ファミリー・レストランに入って食事をした。ひと口食べた男性がフロア係を呼んで、「お宅のコレは、よその店よりまずいな」と文句をいった。たぶん、ツレの女性にいいところを見せようと、知ったかぶりの恰好をつけたのだろう。

「いいえ、同じでございます」とフロア係。「いいや、まずい」とお客も彼女の前では後に引けない。仕方なくフロア係は種明かしをいう。

「うちはフランチャイズ店なので、セントラル・キッチンで調理したものを全店で提供させていただいております。したがって、いつどこで召し上がっていただいても同じ味でございます」

こういうのを味気ない話というのか。

味仙の場合はそういう点おもしろい。同じ台湾ラーメンでも、今池本店のはスープが澄んでいてスッキリした旨辛味。辛さがマイルドで、透明感や上品さはさすがという感じ。

辛いけど旨い、味仙の台湾ラーメン

他の味仙のは、スープの中に台湾ミンチが溶け込んで辛さ絶叫のジャンキー・ラーメンもあれば、塩味・みそ味の一風変わった台湾ラーメンもある。また、今池本店にはない台湾どんぶりはＪＲ名駅店では人気メニューだが、本店にあるニンニク・チャーハンがＪＲ名駅店にはない、というふしぎな現象もある。

味仙十店がそれぞれ独自の風味スタイルとか店内ムードをもっていて、フランチャイズ店のように、どこの店に行っても同じ味、同じサービスといった画一的なあしらいはしない。そこが味仙の奥深いところであり、アキのこないポイントになっている。その自由さにお客も惹かれるのだ。

ただ、本店が今池にあるように、すべての味仙は名古屋の今池からはじまったということには大きな意味がある。

今池という町は繁華街のひとつではあるが、ナンバーワンではない。順位的には四番か五番目になるだろうが、台湾ラーメンが生まれたころはヤンキー街というか、やんちゃな街だった。そのころは大須よりもっとアジアっぽい感じがした。

そういう街で味仙は育ち、そういう店で台湾ラーメンが生まれたことに、大きな意味があるように思う。発祥の地が東京や横浜、大阪や神戸だったら、これほどの人気にはならなかったのではないか。名古屋の、それも今池という土地から始まったことが、台湾ラーメンを大きくしたような気がしてならない。

風水ではないが、今池はずっとむかし、池水のあった土地らしい。だから、水に関係する商売がうまくいくというのはウガチ過ぎか。

第四章　激辛は笑いを誘う

汗をかく芸人たち

こんな笑い話がある。

演芸場の若手芸人さんたちも辛い食べ物が大好き。その日の口演が終わり、「ひとつ、みんなで味仙の台湾ラーメンでもたぐりに行こうじゃねぇか」ってんで、楽屋で話がまとまった。東京の落語家と大阪の漫才師と名古屋の講釈師の三組。

「しかし、なんだね。芸人が手銭でメシを食うなんてぇのは、どうも情けないね」

「そら、あにさん。わてらまだ名前が売れてまへんよって、しゃあないわ」

「すいません。名古屋の旦那衆はシブチンなもんで」

わーわーいいながら味仙の店内に入り、それぞれが台湾ラーメンを注文して食べだした。

だが、みんな太っている上に、激辛アツアツのラーメンなので、ドッと汗をかき始めた。紙おしぼりくらいでは間に合わない。

その中で、ひとりだけ涼しい顔をしてうまそうに食べている芸人がいた。落語家、漫才師、講釈師の三人のうち、はたしてだれであろうか。

答えは落語家。なぜなら、噺家は高座に上がるとき、必ず扇子と手ぬぐいをもって上がるので、それを使っておいしく食べた、というお話。

ちなみに、この店はどこの味仙だったのか。本店は紙おしぼりではなく、本物のおしぼりを出す。大須の演芸場にも近いところから、これは味仙・矢場店だろう。

芸人にも人気の高い矢場店

川柳《味仙愛》より

たしかに、激辛は発汗作用をうながす。食べるはしから汗が出る。
《味仙愛》という川柳に次のような句がある。

汗かいて　減量に効く　味仙だよ
血行が　よくてツヤ肌　味仙食

ひとつひとつの料理がおいしいだけでなく、健康ダイエットやメイキャップにまで味仙は良いらしい。
そこから更に踏み込んで、病気にまで効くよという人もいる。

少々の　風邪は味仙で　治します
もしかして　鬱も味仙で　躁になり

おとなしそうな人も味仙にくると急にはしゃぎ出す。そういわれれば、なんとなくそんな気がしてくるから不思議だ。

なかにはこんなものまである。

　疲れたら　ニンニク・チャージ　味仙でね

　激辛で　ピロリ退治を　する味仙

トウガラシの辛さでピロリ菌をやっつけるというのだが、たしかにあの辛さなら菌も癌もたじたじではないか。

辛味というのは人を奮い立たせ、シャキッとさせる効果がある。

　アドレナリン　出過ぎて味仙で　大あばれ

　ドーピング　違反になりそな　味仙食

陽性反応が出たらアウト？　そんなバカな……。

元気な若者は味仙が好きだ。それは辛さを競い合って勝負をすることができるから。

　味仙で食う　これは辛さの　格闘技

　味仙での　食事はある意味　非情食

災害の時に食べるのは非常食。非情食とは、情け容赦のない辛さのことか。

味仙の台湾ラーメンは、辛さ控え目をアメリカン、激辛をイタリアン、さらのその上をアフリカンというらしい。でもそれは自分が食べる時だけで、人に強要しては問題になる。

パワハラか　おごってくれた　激辛めん
アフリカン　イタリアンより　からみます

からみます、とは単に辛味が増すというのではなく、ナンパ師のイタリア系よりアフリカ系の方が人に絡んでまとわりつくの意味でしょうか。

今年（二〇一八）は刑務所や警察からの脱獄・逃走事件がテレビを賑わせた。その動機は食べ物にあったのではなかろうか。

脱獄を　してまで行くか　味仙まで
出所して　まず一番が　味仙だな

でも、味仙には体調をととのえてから行ってもらいたい。絶食のすぐ後というのは危険かもしれない。

好きだけど　ラマダン明けには　ちとキツい
痔が痛い　ゆうべ味仙に　行ったっけ

台湾ラーメンを食べる時、熱くて辛くて舌はボーボー、翌朝トイレに行くと下もボーボーというのでは情ない。それでもついつい行ってしまう味仙依存症。

そのくらい過激で、強烈で、ついつい食べ過ぎてしまう。老いも若きも、有名人も無名人も、みんな味仙が大好きだ。

イチローも　真央、舞、聡太　みな味仙
ヒーハーと　味仙の夜は　更けていく

辛くて口の中がヒーハー、彼も彼女もヒーハー。味仙は深夜二時まで年中無休でやっている。

文学にはいつ登場？

ある人がいったひとことが頭に残っている。

「堀田あけみの『アイコ十六歳』の初版本に、たしか台湾ラーメンのことが書かれていたと思うけど……」

堀田あけみは中村高校在学中にこの作品を書き、当時、最年少で文藝賞を受賞した。そのひとことが本当なら、織田作之助のドライカレーや池波正太郎のしゃも鍋みたいに、地元作家が地元の名物料理を自作のなかにとり入れるスタイルとしての価値がある。

さっそく鶴舞図書館から、受賞した年に発行された『１９８０アイコ十六歳』を借り出し、読んでみた。

「ひまわり屋」という甘党屋は出てくるが、台湾ラーメンも味仙も出てこない。

東海市在住の三田村博史が中日新聞に連載し、その後同社から出版された『東海の文学風土記』には、文学作品に書かれた地元のことが細かく紹介されている。この本に出てくる人たちのなかに、台湾ラーメンを書いた作家はいないだろうか。

地元の短編小説コンクールなどの審査員として、その名をよく見かける清水義範は、愛知教育大出身だし、『蕎麦ときしめん』という小説も書いている。このタイトルだと台湾ラーメンのことを書いていてもよさそうに思えて読んだのだが、残念。

おなじ名古屋西高出身の芥川賞作家の諏訪哲史は、コラム『スワ氏文集』に名古屋めしについて書いただけで、それ以外は不明だった。

同じ芥川賞作家で、東海南高出身の中村文則はどうだろう。最近は映画作りが盛んなようだから、映画の一場面に台湾ラーメンを食べてむせる、というカットをとり入れるとおもしろいのではないか。

芥川賞は固いイメージなので、直木賞作家に期待してみたい。

『新宿鮫シリーズ』の大沢在昌はどうだろう。推理小説作家協会の会長で、名古屋より東京の人になっているので、もう無理か。

岐阜出身の池井戸潤や朝井リョウは若いだけに書きそう気がする。セントレアやJR名古屋駅にも味仙の店はあるから、寄り道しているのじゃないか。

でも、文学の世界に台湾ラーメンが登場するには、まだ年期が足りないのかもしれない。名古屋の街そのものが小説や歌に取り上げられることが少ないのだから。

二〇一三年、ノーベル文学賞万年候補作家の村上春樹が名古屋を舞台にした小説を書いたのを御存知か。タイトルは『色彩を持たない多崎つくると、彼の巡礼の年』。

長っ！

旭丘か千種か瑞陵か明和か、ともかく名古屋の公立高校に在学した仲良し四人組が、卒業後ある謎を追う中で、名古屋らしき風景がいくつも出てくる。主人公の名前「つくる」も、「物つくり愛知」の「つくり」をもじっているようにも思える。

つまり、主人公・つくる＝愛知県＝色彩を持たない、とつながり、小説の舞台を名古屋にしたのではないか。なのにラーメンは出てこない。

昭和歌謡の大スター石原裕次郎も名古屋の街をうたっているが、そのタイトルは「白い街」。つまり、白い街＝色彩を持たない。そういうことで、どうも名古屋のイメージは無個性という印象らしい。

歌でも文芸でもダメなら、演芸はどうだろう。

大須演芸場で活躍する講談の旭堂鱗林。女ながら将棋の「藤井聡太ものがたり」を得意にしているが、勝負メシとして、台湾ラーメンを使ってみてはどうか。

また、守山区在住の漫画も描ける噺家・雷門獅篭の「時そば」は絶品だが、名古屋弁落語をやるなら、「時ラーメン」に改題して、蕎麦のかわりに台湾ラーメンをもってくる。

オチは銭勘定の時、「ひー、ふー、みーよー」を「イー、アール、サン、スー」にして、「今なんどきだい？」「へい。リューデン、バン《六時半↓元気がない》で」とやると、中国人には大受けだと思うがなあ。

第五章　郭ファミリー・ヒストリー

物語は台湾から

中国台湾料理店・味仙が名古屋の今池に生まれて、今年（二〇一八）で五六年になる。

はじめは二〇坪三〇席の小ぢんまりとした店だったが、いまはきょうだい系列店をあわせると全部で一〇店舗。名古屋めしの中でも堂々の売り上げをほこる名物店になった。

いったいどういう人たちが、どんなやり方で店を盛り立ててきたのだろう。なにを思い、どこへ向かって突き進んでいったのか。

人に履歴あり、店に歴史あり。

たった半世紀のあいだに、名古屋でもっとも名の通った中華料理店に成長した味仙の、ファミリー・ヒストリーを追いかけてみたい。

『味仙』総代表・郭明優の先祖は、祖父の代まで台湾・台中の大甲というところの大地主であった。日本の年号でいうと、明治以前のことである。土地もあり、地元の産業として台湾パナマの生産・製造で財をなした。パナマとは、夏用の帽子や織物などの材料になるヤシに似た植物のこと。

明優の父・郭宗仁。この人はきょうだいの中で末っ子だったせいか、人あたりがよかった。また、金持ちのボンボンということで、まわりからチヤホヤされたということも考えられる。そういう性格と経歴ゆえに、先代が亡くなって相続した財産を、遊びや人づきあいでみんな使い切ってしまった。

行き詰まった彼は昭和一三年ごろ、生家であつかっていたパナマの材料をもって日本内地に商売にくる。主に京阪神を中心に売り歩いた。

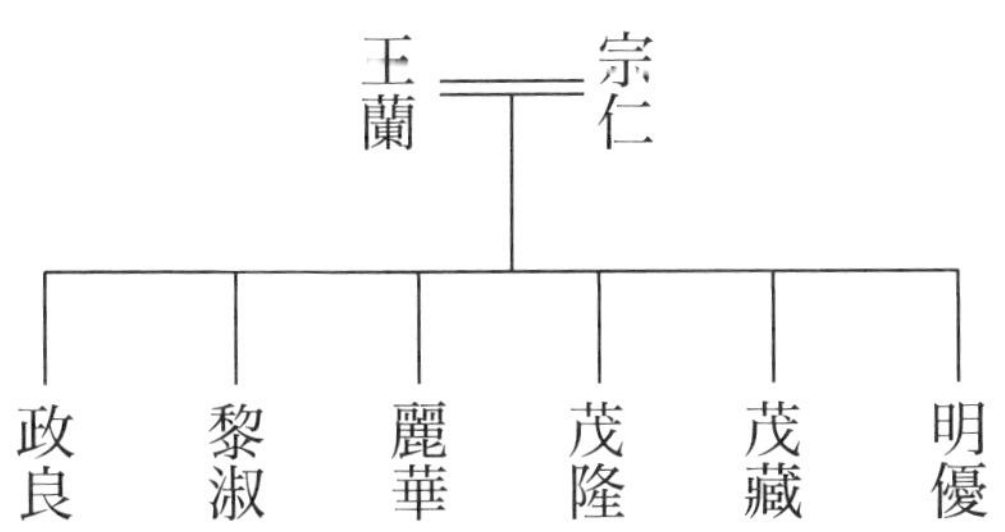

郭家族一覧

そのころの日本人男性の夏のおしゃれアイテムとして、パナマ帽は人気があったのである。和服にも合うし、洋服にも合う。

一時的にはよく売れたものの、当時の日本の情勢はあちこちでキナくさい事件が勃発していた。そのころに、郭家の長男として明優が生まれる。

長男・明優の誕生

郭明優が生まれた昭和一五年（西暦一九四〇年）は、たいへんな年だった。神武天皇が即位したのが西暦紀元前六六〇年であるとして、この年が皇紀二六〇〇年にあたる。日本国中でちょうちん行列が行われた。そんなめでたい年なのに、社会情勢はきびしかった。

みそ・しょうゆ・さとうなどの調味料から、マッチや木炭などの家庭燃料までが切符販売制になり、「ぜいたくは敵だ」というスローガンまで出てきた。

ちょっと話は横道にそれるが、このスローガンの看板にたった一文字を書き加えて、当局を悔しがらせるいたずら事件があった。その一文字とは何か。どこに書き加えたか。「ぜいたくは敵だ」の敵の前に「素」を書き入れたのである。

翌一六年一二月、ついに太平洋戦争に突入。こうなると、それまで比較的自由にできていた台湾と日本との航行がむつかしくなってきた。

帰りたくても帰れない非常事態の中、パナマの商売をあきらめた父・宗仁は、神戸の造船所で溶接の仕事をする。大金持ちのお坊っちゃまからパナマの行商人をへて、溶接工になるのだから、波乱万丈の人生といえようか。

ともかく戦争が終わるまで神戸周辺で暮らした。

偶然、名古屋へ転居

昭和二〇年八月。明優が生まれてずっと戦争だった世の中だが、ようやく戦いは終わった。

五歳と三カ月になっていた。

神戸も尼崎も東京も野田も、どこもかしこも街はみな空襲で焼け、丸裸にされた人々は住む家もなく、食べるものもなく、さまよっていた。

戦争に負けるということは食うものがなくなるということである。飢えるということである。いまの世では考えられない、餓死にちかい栄養失調症で亡くなる人が出てきた。

明優の母・王蘭は台湾の実家に連絡して、小麦粉、さとう、食用油を送ってもらい、大阪駅近くの闇市で揚げまんじゅうをつくって売った。こういうギリギリの困窮時には、男よりも女の方が強い。母ならなお強い。

母親の小商いが家族の生活を支えた。

一家はやがて神戸をひきはらい、東京にむかった。

だが、当時の交通事情と母・王蘭が乗りものに弱かったことで、名古屋に途中下車する。それがそもそも運命のいたずらで、駅近くで泊まったさつき旅館が因縁で、名古屋に居ついてしまう。

そこに台湾人の仲間もいて、台湾からの砂糖でみんなでキャラメルをつくって、中村区で売ったりした。生活できるくらいは売れたが、それを元手に各自でなにかをやろうということで、郭家は笹島で食べもの商売をすることになった。

はじまりは万福

昭和二二年、明優は名古屋の則武小学校に入学する。が、家は笹島にかわり、広小路通りにバラックの家を建てて、「万福」という中華料理店をはじめた。

あたり一面焼け野原で、混沌とした時代。日本人の多くは自信を失い、腹をすかせてさまよっていた中で、台湾人であるファミ

廃墟になった松坂屋周辺の光景
（名古屋タイムズアーカイブス委員会提供）

リーは現実を見つめ、自分らに合った仕事をさがし求めていた。

父親は身につけた溶接の技術を生かした職をさがそうとしたが、当時の日本にはそんな働き口はない。経済の復興などまだ先の話である。

とすると、とりあえず子どもを養い、家族が食べていくのにいちばんてっとり早い仕事として、中華料理店をいとなむことにした。これは理にかなった正しい選択である。

昭和二十年代の日本は、歴史上もっともきびしい食糧難の時代だったといえるだろう。主食、副食、調味料などの食料が町のどこに行っても見あたらない。銀シャリ（米のごはん）などは特別の日のごちそうで、時の大蔵大臣でさえ「貧乏人は麦をくえ」といっていたくらいなのだから。

そんな社会状況の中、万福の店にはチャーハンがあった。ラーメンもあった。それはまるで夢のようなメニューである。

ただそれには父親の人徳が、台湾とのパイプをつくり上げていたのである。

私家版・梁山泊

父親は人づきあいのよさで、先祖からの遺産を失ったほどの人だ。それは名古屋にきてからも同じだった。まるで水滸伝の梁山泊のように、台湾からの客人がつねに数人、同居していた。

全部が全部ではないが、中国人は人と人とのつながりを大事にする。友だちの友だちもまた友だちだと考える。自分は苦しくても、人のためにつくす。

郭明優の父もそういうところがあり、そういう人の下にはまた人が集まってくる。だが、実質的に居候たちの世話をするのは父ではなく、母の王蘭だった。

自分ら家族だけでも食べていくのが困難な時代に、家でゴロゴロしている食客たちの面倒を見なければならない。食事の用意もしなければならない。これはたいへんなことである。

せっかく子どもたちのためにと炊いたごはんも、まず客人たちにふるまわねばならない。

明優は小さいときからこういう風景を見て育った。母親の苦労もよくわかるし、また、家の中に大勢の人がいる楽しさも味わった。そして、両親がふたりだけでいるよりも、間に友だちがいる方が夫婦のもめごとが少ないことも知った。

おやじの存在

名古屋駅の近く、笹島ではじめた中華料理店・万福はそこそこ儲かっていた。もっとも、そのころの日本は食べるものを売れば、かならずお客がくる時代。品物さえそろえば、商売はなりたつ。

商売はできたが、社会の混乱はまだまだ落ち着かない。店の方でも、運転資金のことや借地権の問題など、雑事がいろいろあり、明優が小学生の間に、郭ファミリーは笹島から仲田、大須と転居がつづいた。

それにともなって、小学校も則武から六反、春岡、大須と転校。そのうちきょうだいも弟が三人、妹がふたり生まれ、八人の大家族になっていく。

長男の明優は父からよくしかられた。きょうだいのもめごとは、まずいちばん上の長男がしかられる。たとえ、末の弟のいたずらでも「おまえが悪い」といわれる。

こわいもののたとえで「地震・カミナリ・火事・おやじ」といわれるが、最近のおやじはあまりこわくない。だが、儒教思想が根本にある郭家では、父親はまだこわい存在だった。

そのかわり、母がかばってくれた。また、弟たちも身がわりになってくれた兄貴をしたい、きょうだい仲は大きくなってからも良好だった。

昭和22年、名古屋駅から名鉄方面を望んだ光景
(名古屋タイムズアーカイブス委員会提供)

大須にいたころ

仲田から大須に移ったときは、天ぷら屋もやった父・宗仁だが、これはあまりうまくいかなかった。

いまでこそ大須は名古屋の中でも若者に人気の街になっているが、昭和二五、六年ごろは地味で目立たない家具の街だった。朝鮮戦争による特需で、景気はよくなりつつあり、道路もひろく整備され、下水道も埋設されて水洗トイレにかわっていたが、にぎわっていたのは栄近辺だけ。大須観音も人出があるのは夏まつりぐらいだった。

大須にいたのは小学校五、六年生で、そのころの遊びというとメンパン（しょうや）、地方によってはメンコともいう。円形または長方形に切った厚紙に絵や写真が刷ってある。それを地面や座布団の上で打ち当てて、裏返せば勝ちという遊び。

がき大将だった明優はぜったい人に負けたくない。勝つまでやるから自宅のひき出しの中はメンパンでいっぱいになった。

天ぷら屋に見切りをつけた郭宗仁は、仲間の台湾人と大須で射的屋をやった。この商売は射的だけに大いに当たった。

ところが、そのころはやっていた日本脳炎という病気に、三男がかかってしまった。入院は一年におよび、両親はけんめいに看病した。

射的屋で得た収益で、当時手に入りにくかった特効薬のペニシリンを投与。だが、それの打ち過ぎで命は助かったのだが、障害が残ってしまった。

大和食堂時代

ＮＨＫテレビの放送が開始され、「ジェスチャー」という番組が人気を博した年、明優は中学生になった。そのころ、一家は大須から笹島にもどっていた。

笹島では「万福」という中華料理店をしていたのだが、その店の名を日本風に「大和食堂」にかえ、コックも雇って新規まきなおしをはかることにした。そのかいあって、お客もそれなりに入るようにはなった。

だが、ひとつところに腰をおちつけない性分の父が、店をひんぱんに留守にして外に出かける。そのため、せっかくついた常連のお客がはなれていくという状態になった。

　中学二年の秋、杉下投手の活躍で、中日ドラゴンズが西鉄ライオンズを破り、プロ野球日本一になった。とうぜん、少年たちの間では野球熱が燃え上がるが、明優少年は別のスポーツにうちこんでいた。卓球である。

　そのころは巷に卓球場がたくさんあり、ビリヤード場と同じように若者の遊び場のひとつとして流行していた。

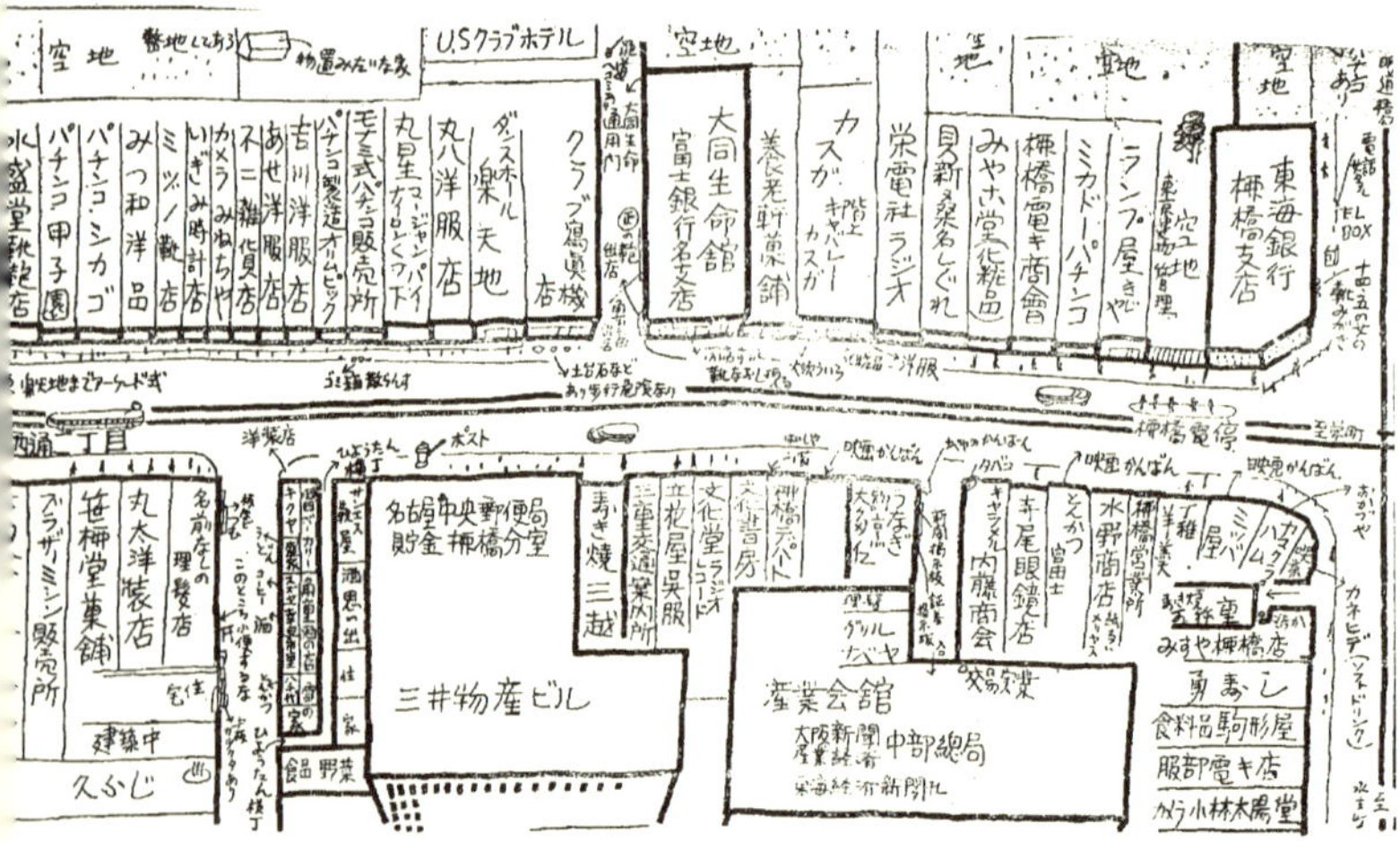

（この翌年→印に移転）（名古屋タイムズアーカイブス委員会提供）

最初は遊びのつもりで通っているうち、ふたつ違いの弟とふたりで熱中し、弟の茂藏はめきめき上達して、卓球の腕前で名電高に入るほどになった。その後、名古屋ナンバー・ワンにもなっている。

当時、名古屋地区のレベルは高く、後の中国とのピンポン外交の下地は、このころからあったといえる。

最大の危機から

中学生といえば人生でいちばん多感な思春期である。明優のこの時期が、郭家にとっては経済的にもっとも苦しいときだったと

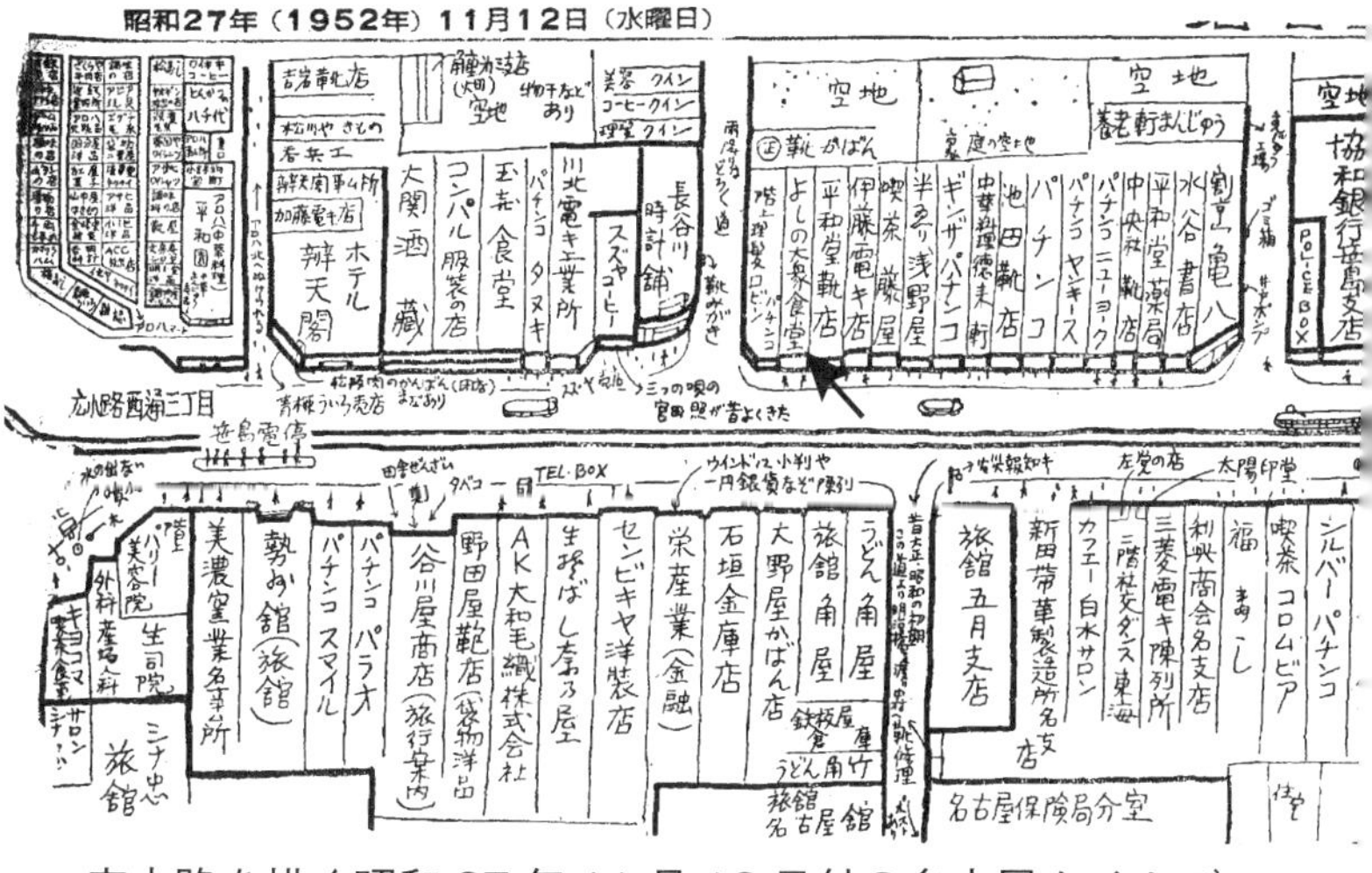

広小路を描く昭和27年11月12日付の名古屋タイムズ

北区大曽根付近をゆく中日ドラゴンズ優勝のパレード
（名古屋タイムズアーカイブス委員会提供）

いえるかもしれない。

家業である大和食堂の主人が店にあまりいないので、そういうふんいきが客席にも伝わるのか、お客の入りも悪くなる。商売の流れがおかしくなった。

中学を卒業して、明和高校に入ったころがいちばん苦労した。入学金が払えないくらいひっ迫していた。

そういうとき、家に居候していた台湾の人たちがみかねて、苦境を救ってくれた。彼らが外で働いて金をかせいできて、郭家族を助けてくれたのだ。

それまでお世話になっていた恩返しといえばそれまでだが、同郷の者どうしの助けあい精神ほど、ありがたいものはない。

弟や妹が生まれて家族も増えたいま、このままではだめだということで、高校生になった明優は、一家の長男として、現在あるこの店を立てなおそうと決心した。

名古屋駅前に地下街ができ、地下鉄・東山線の名古屋―栄間が開通した昭和三十二年ごろのことである。

第六章　台湾ラーメン誕生の背景

味仙誕生、その序章

日本電建という月賦で家を建てる建築会社ができた。いまでいう月払いローンのシステムである。

ここにたのんだら、現在の大和食堂を新しく建てかえてくれるかもしれない。店のイメージをかえて再出発しよう。まとまった資金はないが、月々の売りあげで分割払いにすれば、なんとかなるのではないか。

高校生の身でありながら、明優は日本電建の会社にかけあいにいった。

「現在、食堂をやっている店があるのだが、そこを建てなおして店を新しくして、商売をやりたい。頭金は一銭もないけど、お宅でやってもらえんだろうか」

むちゃな話である。係の人が出てきていちおう話はきいてくれたが、頭金がないことにはどうしょうもないと断られた。だが、明優の強引だが若い熱情にほだされたのか、あとで実際に店を見にきてくれ、こういった。

「二階建てにして、二階をおれの商売に使わしてくれるんだったら、下の一階で飲食店ができるようにつくってやれるが……」

このひとことで決まった。

明優は小さいときから、親のすることを見て、手伝いをしてきた。おいしいものをつくり、まじめに働きさえすれば、お客はきてくれる、という確信に近い思いもあった。そのためにも、店のイメージ・チェンジをはかりたい。造作を新しくし、店名もいままでとはちがったものにしたい。

そこで考えたのが、味という字に仙をつけた「味仙」という屋号である。

「仙」は中国人が好む字で、唐の詩人・李白を「詩仙」とか「酒仙」などと呼んだり、「神仙」などと、

中国では若くてもなれる、８人の仙人「八仙」

仙にはその道をきわめたものの意味をふくんでいる。「八仙」という、日本でいう七福神のような神さまもいる。そこで、料理の道で味をきわめるという意味をこめて「味仙」とした。

口に出していいやすく、耳できいておぼえやすく、店名の内側に強い意志を秘めている。一七、八歳の青年がつけたとは思えない、抜群のネーミングであった。

いよいよ今池へ

大和食堂から改名し、リフレッシュした味仙は、最初から好調だった。チャーハン、ラーメン、ギョーザがよく売れる。

幼いころから、コックの手つきを見て育った明優は、味付けも鍋ふりや火加減も、高校生にしてすでにプロ級だった。チャーハン一皿四〇円の時代に、一日の売りあげが四、五万円にも達し、高校生活の後半になると家計もずいぶんと楽になった。

経済的余裕が出てきたことで、明優は自分の将来にも目をむけるようになった。

父親が大きな造船の溶接の仕事をやっていたこともあり、夢の職業として、エンジニアを頭のすみにおいていた。名古屋港に大型船が入港したときいては見学に行ったし、小牧の空港に飛行機を見に行ったこともある。

高校三年の進路相談では、水産大学や防衛大を希望したが、目が悪いとだめとか、日本国籍でないとだめとかで、けっきょく志望はかなわずじまいだった。

それでも仲のいい友だちが、慶応大学受験のため、一浪して東京の予備校に入ったとき、明優も同行して予備校生となる。そのときは弁護士をめざす気持ち

昭和34年当時の今池交差点
（名古屋タイムズアーカイブス委員会提供）

もあった。

ところがちょうどそのころ、借りていた笹島の店の土地の立ち退き問題が持ち上った。せっかくうまく回りだして、常連客もついてきたのに、都市開発のためにそこから出てくれというのだ。

二十一歳の出発

明優が明和高校を卒業した年の秋、名古屋の地を伊勢湾台風がおそった。五〇〇〇人をこす死者の出た大災害で、海抜の低い土地の被害が大きかった。

そのため、立ち退きの代替え地としては、港や中村区より、内陸部の土地の方が安心ということで、笹島から千種区の今池に移ることになった。

そのころの今池は、いまよりずっとヤンキーな町だった。そういう荒れた土地であっても、与えられたところで咲くしかない。

ここがだめならもうほかはない、という強い気持ちを家族みんなが共有した。一家にとってこのときが正念場だったのである。

そこで明優は決心した。大学進学はあきらめて、自分で名付けた味仙という中華料理店に賭けてみようと。

昭和三七年三月二七日。たった二〇坪の土地に、三〇席ばかりの小ぢんまりとした店が開店した。母親と弟と二一歳の明優の三人でそれは始まった。

ふたつ違いの弟・茂藏は卓球でつちかったガッツがあった。母・王蘭には五人の子どもたちみんなに、中華料理の店を持たせたいという夢があった。

戦争が終わって一七年がたっていた。

この年、東京の人口が一〇〇〇万人を突破している。空襲で焼け野原になった町が、世界有数の大都会に変貌していた。

あれほど深刻だった食糧問題も、いまや量から質の問題へと転換していった。つまり、国民は腹いっぱい食うことより、味のいい、おいしいものを求めるようになってきていた。

そういう時代の流れの中での、今池味仙の船出だったのである。

深夜営業で差別化

はじめのころ、今池味仙は朝の一一時から店を開けていた。ランチ・タイムのお客をまずとりこみ、夕方の食事から深夜の飲み客まで、長時間の営業を体力でカバーしていた。きょうだいふたりとも、高校を出たばかりの若者である。体力には自信がある。

お客さんが大ぜいきて、店が忙しいほど気持ちは充実した。むしろ、不入りで、閑散とした店内で、手もちぶさたにしている方が気が滅入る。よけいなことを考えてしまうから。

そのころの名古屋の繁華街はまず栄近辺が中心だった。女子大小路、錦三、住吉町あたりがいちばんにぎわっていた。

名古屋駅前は今ほどではなく、駅西側辺にディープな飲み屋街が散在していた。今池には、この駅西のふんいきに似た空気感があった。昼間はねむっているが、夕方か

屋台街が庶民の人気だった昭和46年ごろの今池
（名古屋タイムズアーカイブス委員会提供）

ら起きだし、明け方までごそごそとうごめいている。

名古屋の土地柄なのだろう、繁華街といえども、夜おそくまで営業している店は、むかしもいまも少ない。それは人の流れが、地下街と連動しているせいかもしれない。名古屋は地下街が発達しているので、そこがシャッターをおろしはじめると、人々はせきたてられるように、駅に向かって家路につく。

地方条例で屋台をシャットアウト（昭和四八年三月三一日廃

止）したため、大都会であっても、早や寝早や起きの健全スタイルになった。喫茶店のモーニング・サービスが発達したのは、その反動とも考えられる。

朝から店を開けていた味仙ではあるが、今池という土地柄から、ランチのお客はあまりとりこめない。周辺の会社、役所、学校などは栄や名駅にくらべ、うんと少ないのだから無理もない。せっかく用意した食材も、売れ残っては気持ちがしぼむ。

昼の休憩時間、郭きょうだいは気分転換に町に遊びにいくと、麻雀にしろ玉突きにしろ、若いだけにおもしろくて夢中になった。遊びすぎて、夕方の開店時間は五時なのに、八時、九時にずれてくる。そのかわり、開店がおそくなったときは、朝の五時まで営業したりした。

カウンターの中に入ると、いっしょうけんめい鍋をふって働き、それをお客さんも認めてくれるが、入るまでがだらしがないという状態がつづき、昼間の営業はついにやめてしまった。

ランチタイムは体力を使うわりにロスも多く、あまりメリットがない。それよりも夜だけにして、そのかわり他店よりもおそくまで営業をする。夜の早い名古屋の町で、競争相手との差別化を、まず営業時間ではかった。

店は長く開けておくほど売り上げが伸びると考えるのが普通である。営業時間を短縮すれば収入も減る。そのリスクをあえて犯してまで深夜営業に切り替えたところが、味仙が成長するターニング・ポイントだった。

台湾料理で差別化

そうなると、とうぜん食事よりも飲む目的のお客が増えてくる。まずビールを出し、飲んでいる間に、ギョーザやチャーハンをつくる。料理ができあがるまでに、すぐにつまめるビールのアテがあるといいのだが……。そこで考え出されたのが、台湾風の手羽先辛煮である。

話がちょっと横道にそれるが、いまでこそ名古屋は手羽先の料理がうまいと評判だが、その当時、手羽先を扱う店はなかった。明優がいち早くそこに目をつけ、トリ屋に注文すると、「そんなもん、なんに使うの?」と逆に聞き返されたりした。

味仙の手羽は台湾風に甘辛く煮て出す。トウガラシのピリ辛がビールにちょうど合う。すると、しばらく後になって、風来坊の店が手羽を唐揚げにして出すようになった。香ばしい匂いが評判を呼び、一躍有名になる。

あるとき、学校給食で手羽先を使うようになり、材料が品薄になったことがある。風来坊の大将とは毎週小牧の全農で顔を合わせていたので、「味仙さん、小さい手羽をこっちにまわしてもらえんか」といわれ、融通した覚えもある。

手羽先を扱ったのは味仙の方が早かったのだが、名古屋めしになるほどのヒット商品に仕上げたのは風来坊といえる。またその後、世界の山ちゃんの店が手羽先唐揚げをメインに全国展開するが、これは風来坊から真似たもの。それで次々と店舗拡大していく意欲は見上げたものだった。

先駆けとなった味仙の手羽先

さて、話を元にもどして、味仙の手羽先甘辛煮は前もって調理してあるので、注文されればすぐに出せる。だから、手羽先をつまみにしながらまずビールを飲み、その後チャーハンやラーメンというスタイルが定着した。

そして、夜のみの営業の方が、ランチもやっていたときより、売りあげがよくなった。酒類の売りあげがバカにならないのだ。

だが、それは店のふんいきにも反映してくる。

グルメ客を相手にした中華料理店というより、おそくまで飲める居酒屋風の中華屋というイメージ。今池というディープな土地柄とあいまって、若い女

台湾旅行中の一こま

性客には入りにくい店になっていった。

昭和四〇年、明優は二四歳のとき台湾に行った。

両親の祖国である。親戚・知人がいっぱいいる。毎日、それほどおいしくもない台湾の酒で乾杯をかさねて、二カ月間滞在した。

今池味仙で仕事をしているときは四八キロしかなかった体重が、六〇キロに増えた。小さいときから母親がつくってくれた台湾の家庭料理が、やはり口に合ったのだろう。なじみ深い味つけなので安心して食べられたし、からだによいこともわかった。

帰国して、味仙のメニューにむこうでおぼえた料理を少しずつ加えていった。手羽先につづけて、アサリのぴり辛炒め、台湾ちまき、青菜炒め……。

こうして、ほかの中華料理店にはない台湾料理を提供することで、ふたつ目の差別化をはかることができた。あそこへ行けば、何か変わったもんが食える。ほかの店にはないもんがある。

社会の経済状態がよくなり、一億総中流化へと進む中、庶民の楽しみは外食であった。おいしいもの、めずらしいものを食べたい。こうして、外食は巨大な産業に成長していく。

そんな中で味仙はちょっと特異な中華料理屋として、存在感を増していった。ほかの店にはない料理を口にしたお客は、周囲にしゃべることで満足感を拡散させる。こうして、味仙のクチコミ活用の下地ができていったのである。

負けじ魂

明優にはちょっとした特技があった。それは数字に強いこと。たとえば、電話番号を五〇件くらい暗記できた。携帯電話がないころ、これは重宝された。

また、暗算も早かった。「マスター、いくら?」とお客にきかれても、いちいち計算機を使わないで「はい、〇〇〇円です」と即答する。お客の方がおどろいて計算しなおしても、その通りなので二度びっくりする。

カウンター越しにお客さんと話をするのに、相手を差別しなかった。えらい会社の社長であろうが、タクシーの運転手であろうが、だれも特別あつかいせずに、みな平等に話をする。それも早口の名古屋弁でしゃべるので、お客がおもしろがった。

実は、これらは居酒屋の亭主としての必須アイテムなのである。お客さんを平等にあつかうこと。お客さんを待たせないこと。そして楽しませること。

居酒屋研究の第一人者・太田和彦が、究極の店と絶賛する居酒屋が名古屋にある。伏見の大甚だ。ここの亭主・山田弘氏のやり方がまさにこれ。

スペインの立ち飲みバルのタパスを彷彿させる小皿料理は、お客を待たせない。五つ玉そろばんをつかっての勘定計算も早い。そして、ベタな名古屋弁での応対がおもしろい。

ただ、大甚は明治四〇年創業の老舗。味仙はできたてのホヤホヤの新興店。そんな大甚を意識したわけではないが、明優にはなんとか上にあがろうという上昇意識があった。

それというのも、彼がまだ小さいとき、台湾人である母が日本のことばをうまくしゃべれなかったことがある。それを陰でからかう者がいた。自分が笑われるならまだしも、親が揶揄されることは許せない。子どもながらそう思った。

この〈人に負けない〉というつよい気持ちと、〈お客さんによろこんでもらう〉サービス精神。このふたつが味仙のバックボーンになっている。

台湾ラーメン登場

結婚したのは昭和四一年。明優二七歳、新妻・美英は一八歳だった。美英の父は台湾人だが母親は日本人。神戸で生まれて幼児のころ台湾に転居し、新竹で育つ。明優とは人の紹介で知り合い、結ばれた。

はたち前のおさな妻ではあったが、見知らぬ街の名古屋に行くことに、それほどのこわさは感じなかっ

結婚した18歳のころの美英

た。母の国であり、祖母も住んでいたせいもあるが、美英には生まれつきある種の度量のようなものがそなわっていた。

その度胸のよさと前向きにすすむきっぷのよさは、後になって、中部国際空港やJR名古屋駅に味仙を新規出店させるとき、大いに発揮されることになる。それはさておき……。

昭和四五年、大阪万博が開かれた。

明優はその前の年に台湾に行って、台南で食べた担仔麺《タンツーメン》がおいしかったので、同じものを万博会場でさがしたが見つからなかった。そこで、自分でつくってみることにした。

ミンチ肉をいためてニンニクとトウガラシをからませてニラをふり、麺の上にのせる。豚ミ

忙中閑あり、新婚当初の二人

ンチを使うラーメンはほかにあまりなかった。担仔麺はそこに赤玉ネギをいれたが、トウガラシを使ったことで、担仔麺とは別の麺になった。

それを台湾ラーメンと名づけて味仙のメニューにくわえたのは昭和四五年ごろである。

刺激的な味なので、年輩者よりまず若い人にうけた。夜おそく来店する学生たちが好んで食べた。ついでタクシーの運転手。それに仕事帰りに寄るホステスたち。それらの人たちがクチコミでひろげてくれた。

昭和四七、八年ごろ、社会は大きく変化していた。

浅間山荘事件で学生運動も終わりをむかえ、日本列島改造論から土地ブームがおこった。国民の食生活の傾向も、一億総飽食時代といわれるようになっていた。

そのころ、今池にDラーメンという店が「大盛り三分早食い無料」という看板をかかげていた。大盛りラーメンを三分以内で食べたらタダにするという。店内のかべには記録達成の色紙がベタベタとはってあった。中京、名城などほとんどが大学生のようで、若者がゲーム感覚で大食い早食いのパフォーマンスを競う風潮があった。

味仙の新メニューである台湾ラーメンは、そんな遊びに似た風潮に、量や速さではなく、辛さで挑戦したようなかっこうになった。

「これだけ辛いラーメンをキミたちは食えるか！」という挑戦状。それくらい、刺激的だった。

それゆえ、その後やってきた激辛ブームの先駆けとなり、台湾ラーメンの名はアッという間に、名古屋市から県内外一円にひろまっていった。

第七章　味仙の昨日・今日・明日

母のねがい

郭明優には三人の弟と二人の妹がいる。うちひとりの弟は病弱のためベッドから離れられないが、あとの四人はみんな子どものころから家の仕事を手伝った。それは家が貧しかったから働かされたというのではなく、母親・王蘭の教育方針のひとつだった。

中国人は生きる上で強烈な自負を持っている。三把刀《サンバアタオ》といって、多くの華僑が体一つを元手に従事した職業として、理髪業のカミソリ、料理人の包丁、仕立屋のハサミがある。この三つを三把刀といった。

自分たちは鍋と包丁さえあれば、世界中のどんなところでも暮らしていける。自分の生まれ育った土地の料理をつくってもてなせば、路頭に迷うことはない。湖南出身者は湖南料理を、広東生まれの者は広東料理の店を出す。中華料理は世界のどの地域の人にも好まれる。

郭家でいえば台湾料理である。そのために子どもらには小さいときからおふくろの味をしっかり教えてきた。

王蘭自身、ことばも不自由な日本にきて、終戦後の食糧難時代でも大家族を養ってこられたのは、自分が中華鍋をふったおかげである。幼いときから口にした台湾の家庭料理を、名古屋の地で再現して見せたからである。

日本人はそのむかし「男子厨房に入らず」といって、料理や家事をすべて女に押しつけたが、中国人は男女の区別なく包丁をにぎり鍋をふった。現在でも父親が料理をつくる家庭は多い。

王蘭は子どもたちみんなに、自分たちのルーツの味を受けついでほしいと願った。そのために、中

昭和 44 年ごろ、息子の幸治さん
（看板に「柳麺《ラーメン》 70 円」とある）

学生になると男の子も女の子もみんな店の皿洗いからはじまって、中華料理の基本を肌でおぼえこませた。長男次男など上の方のきょうだいだけでなく、下のきょうだいたちにもおなじように、学校から帰ると、味仙の店の手伝いをさせた。

彼女のしつけは、単に自分らの家業を大事にするということだけでなく、他人を思いやる精神も養うようにした。それは「他人にやさしくしなさい」と口でいうだけでなく、みずから模範を示して、こうやるんだよと行動で教えるやり方である。

子どもらが小さいときから、郭家には居候がなん人もいた。人がよいというか、親分肌の父・宗仁の下には、常に台湾から彼をたよってやってくる人がいて、その衣食住の世話をするのが王蘭の役目である。

現代のような飽食の時代ではない。栄養失調者が続出するような食糧難の時代。自分の子どもを養うだけでもたいへんなのに、なんの義理もない他人の食事の用意をするのである。

育ちざかりの子どもたちは、一ぴきの塩サンマをきょうだい三人で分けあって食べた。その記憶は生涯消えるものではない。

名古屋に大きな被害をもたらした伊勢湾台風（内田橋付近）
（名古屋タイムズアーカイブス委員会提供）

でも、家にいる食客に食事を提供するのは、ともにおなじ台湾人であり、郭宗仁とのつながりもあって、無意味なもてなしではない。相手は同郷の同胞なのだから。が、王蘭の思いやりの気持ちはもっと大きなものだった。

昭和三四年九月、伊勢湾台風がくる。このとき東海地方に住んでいた者にとっては決して忘れることのできない大災害。名古屋の港区、南区、中川区、中村区など海抜の低い地域は甚大な被害をこうむり、五〇九八人もの死者が出た。

当時、味仙は中村区の笹島で営業していた。この惨事を目のあたりにして、郭家は自分の店の商品である肉マンとかシウマイなどを、水につかって困っている人たちに無料で提供した。

一般人のボランティア活動など、まだ聞いたこともないころの話である。こういう無償の奉仕活動が、その後の子どもたちに与えた教育的影響ははかりしれない。

ちなみに、日本の災害に対して外国からも基金が寄せられるが、いち早く届けてくれるのが決まって台湾からの支援である。それを考えると、彼らの血の中には他人を思いやるＤＮＡが流れているのではないかと思ってしまう。

きょうだいのチカラ①

こういう母親の意向もあって、今池味仙に台湾ラーメンが生まれたころも、長男夫婦だけでなく、次男・茂藏も長女・麗華も、一人前の調理人として厨房に立っていた。きょうだいが互いに力を合わせて、母を助ける態勢がととのっていたのである。

波の谷間に命の花が
　ふたつ並んで咲いている
　　兄弟船はおやじのかたみ
型は古いがシケにはつよい
　おれと兄貴のヨ　夢のゆりかごさ

御存じ鳥羽一郎の大ヒット曲『兄弟船』（星野哲郎作詞・船村徹作曲）である。リリースされたのは昭和五七年夏だったが、じわじわと売れだして、昭和六〇年のＮＨＫ紅白歌合戦に初出場をはたした。この歌と歩調をあわせるように、味仙もきょうだいが力を出し合って、だんだんとビッグになっていく。

すでにメニューにのっていた台湾ラーメンではあるが、その後改良が加えられ、ニンニクとトウガラシの投入により、強烈な個性のある麺料理に変身していた。当時どこにもないオリジナルな味のラーメン。

長女の麗華は母親からしっかりしこまれ、「中華料理はぜったいにいいから、味をおぼえなさい」といわれつづけた。子どものときから親のかたわらで調理のノウハウを見てきた。その才能と技術が台湾ラーメンのどんぶりに花ひらいたといえる。

もうひとり次男の茂蔵は昭和四五年ごろ、今池からはじめて分家して「味仙・豊田店」をオープンした。その店は三年後に天白区八事に移転するのだが、それについで長女・麗華も独立し、千種区下坪に「味仙・下坪店」を開店させる。昭和五六年三月のことだった。

たったひとりのおふくろさんに
　楽な暮らしをさせたくて
　　兄弟船は真冬の海に
雪の簾をくぐって進む
　熱いこの血はヨ　おやじゆずりだぜ

鳥羽一郎は実の弟・山川豊の方が早く歌手デビューしていたのだが、この歌の歌詞とおなじように、きょうだいそろって歌謡界のスターになっていく。

味仙も郭きょうだいがつぎつぎと独立出店し、それを願っていた母・王蘭をよろこばせた。子どもたちみんなが台湾料理をメインにした中華料理店を持つという夢は、着実に実っていった。そして、単にきょうだいが個々に独立するというだけでなく、どの店も地元の人たちに愛されて、店先にお客が並ぶほどの人気店になった。

きょうだいのチカラ②

この人気ぶりをマスコミがほうっておくはずがない。地元の新聞、雑誌、タウン誌、ミニコミ紙などがこぞって赤くて辛いラーメンの記事を紹介した。

ひと呼吸おいて、地元テレビ局も取材にきた。今池本店を舞台にミニ再現ドラマ風に仕立てた局もある。

さらに味仙の名を高めたのは、人気有名人らの来店である。

世界自転車選手権で一〇連覇したケイリンの中野浩一と明優との交遊は今でもつづいている。中日ドラゴンズの抑えのエースとして活躍した郭源治は、来日したその日から味仙をたずね、店としてもさまざまな応援をしてきた。

そんな人たちの来店が呼び水となって、スポーツ選手、地元タレントが押し寄せるだけでなく、東京・大阪のテレビ界で売りだし中の歌手、芸人、俳優などの芸能人たちが、台湾ラーメンの名にひかれてくるようになった。名古屋に行ったらまず味仙に寄って、辛いラーメンを食べることが申し送りのように伝えられた。

この味仙の人気ぶりが導火線になって、「名古屋には独特のうまいもんがあるらしい」という噂さが流れはじめる。それまではとかく無視されがちだったのに、いつのまにか「名古屋めし」という呼称まで耳にするようになった。辛いものだけでなく、甘いもの、旨いもの、インパクトのある食べ物の名が、金シャチの城下をかけめぐり、独特の文化を創り出していく。

長女・麗華の下坪店はオープンしたとき客席は一五か二〇席しかなかった。それがまたたくまに爆発的に売れだしてから、とてもそれではまかないきれない。店内に入りきれないので、店の表にビールの空箱を並べ、そこに座って食べるくらいお客がきた。

開店前から並び、閉店時間までずっと満席状態。まもなくとなりの店も買いとって客席を拡大したが、それでも十分とはいえないほどだった。

プロたちが腕をふるう調理場（本店）

そんな状態を見て、妹の次女・黎淑も「こんなにお客さんが並ぶのなら、わたしもやらないかん」と、二年おくれて名東区に、味仙・藤が丘店を開店させた。味仙としては四店舗目で、昭和五八年一月のことだった。

この藤が丘店は下坪店

の例があるので、はじめから客席を多めにして四〇席もうけた。ところがそれでも足りない。味仙の評判はすでに世間にひろく行きわたっていて、オープン前から成功が約束されていた。長兄が名前をひろめてくれ、次兄と長姉とが味を確立してくれ、次女や四男はその道を進めばいいようになっていた。

それも大本をたどれば、母・王蘭の教えにたどりつく。

黎淑も小さいときから店を手伝った。三時ごろ学校から帰ってくると、母親が台湾風の小皿料理をつくってくれる。母は気の大きい人だったので、子どもや従業員だけでなく、出入りの業者にも「みんな食べて行きなさい」と声をかけていた。

郭家の四男・政良が味仙五番目の店をオープンしたのは、昭和六二年一一月で、焼山に店を借りてオープンしたのが味仙・焼山店。

そのころ、世は激辛ブームといわれていた。昭和五九年に湖池屋がカラムーチョを発売してヒットさせ、六二年にはアサヒ・ビールがスーパードライを売り出している。

このブームの先駆けになったのが郭明優、茂藏、麗華が手がけた台湾ラーメンである。激辛と名古屋めしのふたつのブームを巻きおこしたのが味仙といえる。

そのうえ幸運だったのは、政良が焼山に店を出したころから平成元年あたりまでが、バブル経済の絶頂期だったことである。

人生には二度チャンスがあるという。政良からすれば、激辛ブームと名古屋めしブームのダブル・チャンスにくわえ、バブル景気まで後押ししてくれた。

店オープンの日、心配でかけつけた母・王蘭も店前に並んでいるお客の列を見て安堵したにちがいない。これできょうだいみんなが中華料理店のオーナーになり、母の夢がかなったのである。

昭和から平成へ

郭きょうだいにとって、昭和六三年は忘れることのできない悲しい年である。彼らの母・王蘭が亡くなった。享年七三。

台湾で生まれ育ち、郭宗仁と結婚して、戦時中に日本にやってきた。ことばに不自由しながらも、終戦直後、神戸から東京をめざす。乗りものに弱い王蘭のため、とちゅう名古屋で下車し、駅前の旅館に泊まった。それがすべてのはじまりだった。それまでなんの縁もなかった名古屋に定着することになる。まことにふしぎな縁というほかない。

それから約四〇年。五人の子どもみんなに店を持たせ、昭和という激動の時代の終わりとともに逝ってしまった。

彼女の葬儀には、息子や娘も知らない数多くの人たちがおとずれた。その会葬者にどういうつながりかたずねると、

「伊勢湾台風のときに、お世話になりました」

といわれ、遺族たちはびっくりする。新聞の訃報欄にのった「郭」というめずらしい名字を見て、きてくれたというのだった。

この親あってこそ今の味仙の隆盛がある。味仙のどの店も繁昌しているのは親のおかげ。そういう思いがきょうだいみんなにある。

だから、意見の相違があって、大きな声でいい合うことがあっても、あくる日には忘れている。ケンカをしていても、きょうだいの仲はいい。お金や店のことにからん

だトラブルになることはない。

「きょうだいみんなで、味仙を盛り立てていけ」

これが親の遺言だったと、みんな思っているから。

昭和が終わり、平成にかわった。景気がだんだん悪くなる。

バブルがはじけ、倒産する企業が続出する中、味仙の客足はどうなったか。

いわゆる、ブームに乗っただけの一過性の店なら、とうぜん苦戦をしいられていただろう。が、実際は逆だった。

お客がへるどころか、ますますふえていった。そのため、どの店も拡大方針をとらざるをえない。

まず、下坪の長女・麗華が平成一一年、中区矢場町にドカンと六階建てのビルを建てた。
一、二、三階が店舗で、その席数はなんといきなり三二〇席。下坪店をはじめたときは、わずか一五席だったことを思えば、その繁昌ぶりのハンパでないことがわかる。
さて、今池本店であるが、こっちも平成一三年にリニューアル・オープンした。もともとあった場所にドドンと大きく、新しく建てなおしたのだ。

五階建ての堂々たるビルで、一、二階が店舗。客席数は二九〇席もある。これも開店当初は三〇席ばかりだったので、飛躍的な拡張といえる。

長男・明優は今池本店の建て替えだけでなく、中部国際空港（セントレア）にも新規に出店した。愛・地球博の万博がおこなわれた平成一七年のこと。

この出店に関しては妻・美英の意向が強くはたらいている。夫・明優はそこの場所柄と業種・業態とを考え合わすと、はたしてうまくいくかどうか危惧をいだいた。だ

にぎわいを前にした開店前の店内（本店）

が、味仙のネームバリューとお客のニーズはそんな心配をふきとばした。

それに意を強くした明優と美英は、平成二六年にも、ＪＲ名古屋駅構内の「うまいもの通り」に、味仙・ＪＲ名古屋駅店を新規オープンする。ここの客回転率はすごく、本店をしのぐほどの売り上げがある。

さらに勢いをかって、翌二七年には、大改築した名駅前の大名古屋ビルヂングの三階に、味仙・大名古屋ビル店をも開店してしまった。

長男・明優はこれで四店舗を保有したことになるのだが、ほかのきょうだいも各自がんばって拡大成長していった。

平成二五年には次女の黎淑が二店舗目を柳橋中央市場近くに、味仙・名古屋駅店としてオープン。ここで約一五〇席。

四男・政良は日進市に六階建てのビル、味仙・竹の山店（八三席）をオープンさせた。

これで郭ブラザーズが現在もつ中国台湾料理店・味仙の数は名古屋近辺で一〇店舗になった。

それぞれの旅立ち

平成二九年、明優とはふたつちがいの次男・茂藏が亡くなった。七三歳だった。今池に味仙ができた最初からふたりでやってきた、きょうだいの中でも特に仲のいい弟だった。

スポーツは抜群だったが気のやさしい男で、他人とくらべるということはしないで、自分なりに店を盛り立ててやってきた。半年の間に夫婦ともに亡くなったのは、夫婦仲がよかったせいだろう。今は子どもたちで八事店をやっている。

逆に、明優とは一六歳もちがう末弟の政良は、きょうだいの中でも少し変わりダネといえるかもしれない。

焼山で五番目の味仙を開くまでは、ゲーム機の会社を自分で立ち上げていたというのも変わっているが、自分の店・味仙をもってからもF1レーサーとして、毎週鈴鹿に通っていたというのもおどろきだ。若いし、好きだったからできたのだろう。

だが、そのうち、女房にガンが発症したことがわかった。病気になって三年くらいしたころ、ふと、

「やっぱり、自社ビルで商売やりたいね」

と、いいだした。ほかのきょうだいみんなが自社ビルなので、意識したのかもしれない。

ちょうど愛知万博のころだったので、日進市近辺の地価があがったが、ようやく竹の山に土地を見つけ、階下が店舗、上階が賃貸マンションのビルを建てた。山の上の六階建てなので、屋上から毎日日の出が見えて、女房はよろこんだが、それから半年後に亡くなった。

世代交代のとき

今、きょうだいたちはそれぞれ一国一城の主となった。立派なお城の城下には全国からお客が押し寄せてくる。有名人の来店も多い。

スポーツ界からも、歌手、タレントや、お笑い界からも、一流のそうそうたるメンバーがお忍びで食べにきている。

でも、味仙の店には、よその店にはよくあるようなサイン色紙は一枚もはってない。そういう色紙をいちいちもらわないという姿勢にも、店主のポリシーがうかがえる。

実をいうと、筆者も長い間飲食店を経営していて、その間に野球選手や有名人のサイン色紙を何枚かもらったことがある。店にハクを付けるというか、お客の目を引くため、壁にベタベタはりつけたくなるものなのだ。

「夢」と大書した色紙はよく目立って、お客も「おっ!」と注目してくれる。だが、こういう装飾は困った事態を招くこともある。

飲食店にはつきもののゴキちゃんの隠れ家になるのだ。彼らは段ボールなどの紙に巣食う習性があり、適度な温度と湿度と油分のある色紙の裏は、彼らの安眠ベッドになる。「夢」の裏側でゴキも夢を見ていることもあるので、ウチもある時から全部とりはずした。味仙はその点、どの店主も徹底している。

その五人きょうだいのどの店も、つぎの世代の時代になった。今池本店も、八事店も、矢場町店も、藤が丘店も、日進・竹の山店も。母・王蘭から数えれば、三代目たちの時代である。

いま、味仙の店頭に立って仕切っているのは三世たちで、二代目のきょうだい連は店の奥にひかえている。

昭和に生まれ、平成で花開いた味仙も、世代交代の時期になった。次の新しい元号の時代にまでこの味がひきつがれ、みんなに楽しんでもらうためには、三世、四世ががんばるしかない。

今池本店の三世・郭幸治の言によると、父・明優から跡をつぐようにいわれたことは一度もないという。

もともと明優は、弟・妹やわが子にでも、人に干渉するタイプではない。「人は人、自分は自分」という信念をつらぬいて、生きてきた父親である。なのに、なぜ父の跡をつぐことになったのか。

それは子どもの時分から、店の皿洗いの手伝いをしていたせいである。いってみれば、親の働いている背中を見て育ったので、自然の流れで、自分も中華の道をすすむようになった。

だが、味仙のどの店も大型化していて、組織もむかしとくらべものにならないくらい大きくなっている。昭和の個人営業のスタイルではない。

郭きょうだいの孫にあたる四世たちは、皿洗いなどの手伝いはしていない。となると、親の背中を見て、自然と跡をついできた、いままでのやり方とは異なったものになるだろう。

お客の立場からいうと、味仙という店は一種独特の空気感をもっている。町を歩いていて、夜空に映える赤と黄色の看板を目にしただけで、なにやら胸がときめく。一歩、店内にはいると、そこは日常とはちがったエリアのように思える。テーブルについて定番料理を注文し、運ばれてきたものを飲食していると、安心感とある種の高揚感のようなものがせり上がってくる。

この店で飲んだり食べたりするのは楽しい。もちろんおいしい。そういう充実した幸福感がわいてくる。そんな感情はどこから生まれてくるのか。

それは、フォルモサといわれる宝の島・台湾に起因するのではないだろうか。

台湾観光の目玉の一つ、九份

台湾は日本からいちばん近い外国であるが、台湾旅行のハイライトは夜市めぐりと九份観光である。夜市は市内のいろいろな町にあるが、どこもエネルギッシュな猥雑感にみちている。

九份というところは、宮崎駿のアニメ映画のモデルになるように、現世から浮遊しているみたいな町だ。過ぎ去った子ども時代を思い出させるノスタルジーにあふれている。

味仙にはそんな台湾夜市と九份のなつかしさが漂っている。赤と黄のツートン・カラーの中に、夜市と九份のエッセンスがとけこんで、来店客にしあわせ感情をもたらすのではないか。

そんなふんいきを失わずに、ずっと維持していくのには、台湾にルーツをもつ郭宗仁・王蘭の子孫しかいないだろう。後継者の問題は、今の三世と四世ががんばって、さらに五世六世につなげていく。これしかない。

第八章　側面から見た郭明優

料理人の目・口・鼻

郭明優さんは早口である。せっかちな性格ではないかと思うくらい話すスピードは速い。反応も速い。

話すおしゃべりの内容が料理のこととなると、より一層速くなり、熱を帯びて止まらなくなる。中華料理のこと、日本料理のこと、名古屋めしのことなど、広く深くおもしろく話してくれる。その話しっぷりを聞いていると、さすが料理人だなと感心させられるところがある。

「口がいやしくて、何でも食べたくなる。ハハハ」

自分でもいうように、たしかに食への関心、こだわりは並みの人よりうんと強いようだ。だが、その関心は、単においしいものを食べたいという欲望だけからきているのではない。食べる時、必ず何でだろうと味を探求する姿勢がある。

おいしいものを食べると、この旨さはどこからきているのだろうと考える。また、

書道家の友人（右から２人目）に贈られた揮毫を前に
（左から２人目が明優、その右が美英）

まずいものを食べた時も、まずさの原因をさぐろうとする。グルメの舌で食を楽しむよりも、作る側の料理人として美味も不味も、自分の仕事の延長のようにとらえる。そこに料理人としての目・口・鼻があるように思える。

〈物づくり愛知〉にひっかけていうつもりはないが、彼は芯からの料理の技術者、台湾料理の職人である。よりいいもの、おいしいものを作って食べさせたいという思いが常にある。

と同時に、世の中の流れの方向をつかむことに長けた経営者の目も持っている。

「このごろのコックさんは欲がなくてねぇ」

そういう味仙の調理人はほとんどが中国、ベトナムからきた外国人だ。調理業界も様変わりしてきた。

昔は有名店で修業して、味を盗んで、時がきたら独立しようとたくらむ若者が多かった。最近は外国人でも自分の店を持ちたいと思う人は少ない。独立派より雇われコックの方が楽でいいというのが、国の内外に関係なく流れている風潮である。

自分の店を持って成功すればいいが、そうでないと苦労ばかりする。栄光を夢見てアクセクするより、無難に生きた方が得という判断。

ただ、そういう姿勢だと、ひたすらレシピ通りに調理するだけで、お客の方に顔が向いていない。郭さんは「お客さんがおいしいといってくれるのが単純にうれしくて」一生懸命鍋をふってきた。工夫して、人気メニューを生み出した。

〈成功する＝お金が儲かる〉には冒険がいる。今の人たちはみな真面目ではあるが、小さくまとまっている。そこがもうひとつ物足りないところだが、世の中の潮流がそういう方向に流れていることを受け、調理人の生活安定をまず重視する。

さらに、コックさんの家族もホール係として雇い入れる。そのため職人の定着率もよくなり、店内の雰囲気にもアットホームな温かみが生まれる。ちょうどうまく、経営者・従業員・利用客の三方良しの構図ができ上がっている。

クレーム処理能力

郭さんはケンカが強い（だろうと思う）。直接そういう現場を見たわけではないが、話の端々でそんな感じを受ける。

たとえば、昔、彼の父親が家の者に内緒で金融業者から五〇万円の大金を借りたとき。昭和三二年ころのことだから、これは大金である。業者がとりたてにきたが、利子だ何だといろいろ付けて、七〇万返せというのを、まだ高校生の身なのに「おかしなことをいうな」と突っ張り、それでも母親が五〇万返した。

今池に移ってきたころには、チンピラに弟の車のガソリンを抜かれそうになって、「何やっとる」と逆に追い詰めた。

いろいろなトラブルに対処して、うまく納めるのも経営者の腕である。

飲食店にはつきものだが、お客がクレームをつけてくるときがある。台湾名物料理のひとつで、シジミのしょうゆ漬けという酒のツマミがある。

作り方は、生きたシジミをボールに入れ水につけておく。別のボールに水を入れ、ガス火にかけたそのボールの中に、シジミの入ったボールを浸して二重にする。するとシジミが殻を開いて仮眠した状態になる。別の容器に高粱酒としょうゆとニンニクと鶏ダシ鰹ダシの汁を作っておいて、その中に仮眠中のシジミを半日おいておく。

生といっても湯センにかけてあるのだが、それにあたったという客が保健所に訴えた。

係員が調査にくるトラブルになったが、仕入先で安全性を確認し、調理にもまちがいがないということがわかった。逆に、あたったという人に医師の診断書が

シジミのしょうゆ漬け

あるかを問うと無いという。実は、病気にもなってない嫌がらせだった。

だが、そんなゴタゴタに嫌気がさして、それ以後、生シジミのしょうゆ漬けはメニューからはずした。その料理のファンもいて気の毒だったが、どうにも一刻者の気質は変えられない。

今、郭さんは店には出ていなくて、本店の店長は息子の幸治さんと娘婿の川野さんがやっている。

ホール係にはベトナム、スリランカ、中国、その他いろんな国出身の人が当たるので、言葉の壁で日本人のお客と辛さのリクエストなどを間違えることがある。そういう時、店長がフォローするわけだが、このごろのお客は執拗に謝罪を求める傾向が強い。いわゆる、不寛容の時代を反映しているのだろう。

郭さんはこれまで強い気持ちでいろんなクレームに対処してきた。そこから逃げずに正面からぶつかる。

娘の青波さんに、お父さんは怖かったですかと聞くと、「わたしにはやさしかったけど、兄には厳しかったかもネ。でも、いまは孫にメロメロだけど……」といった。

その明優さんも今年七八歳。孫から電話がかかると、とたんに声のトーンが変わる。

類は友を呼ぶ

娘の青波さんが心配するのは、明優さんの人づき合いの良さだ。高齢でもあるし、持病もあるので、体のきつい時は家で安静にしていてほしいのに、台湾から知人・友人が来名すると、ゼーゼーいいながらも自分が顔を出さないと気がすまない。食事や宿泊のセッティングだけして、あとは理由をいってご無礼してはどうかと思うのに、無理をしてでも必ず自分も同席する。

そのかわり、接待を受けた台湾の友人も、青波さんが訪台すると、忙しい身なのに自らとんできて世話してくれる。味仙初代の郭宗仁さんがそうだったので、こういうつき合いは台湾人の情の深さのＤＮＡかもしれない。

以下は、味仙・今池本店の税務の仕事を長いあいだ担当してきた税理士のＵ氏から主にきいた話である。

平成二〇年、中国人の長年の夢であったオリンピックが北京で開催された。オープニングは二〇〇八年八月八日午後八時。八は中国人にとってはとてもめでたい数字なのである。

この世界的なイベントに、郭さんは友人の日本人や台湾人といっしょに、観戦にでかけた。U氏も同行した。

鳥の巣と称されたメイン会場には、残念ながら入ることはできなかったが、女子レスリング、野球、競輪の三種目を観戦。ダルビッシュは恰好よかった。

この旅行の参加者の中に、先の戦争中、北京の隣りの天津で幼年期を過したNさんがいた。この人の要望で、観戦のない日に、できたばかりの新幹線で天津に行き、むかし住んでいた家を探すことになった。

北京より海寄りではあるが、それでも大陸の夏は暑い。Nさんの記憶をたよりに、ゆかりの場所をみんなで探し歩く。しかし、戦後五三年の間に、天津の街はすっかり変わってしまっていた。

このとき、台湾から同行したセンさんやソウさんが、中国語を駆使して、現地の人

故宮博物院を訪れた一行

に話をきいてまわり、けんめいに探してくれたのだが、ついに旧居の場所を見つけることはできなかった。

その日の夜、日本人一行は北京で宴会を催したが、Nさんがその場でとつぜん泣きだした。なぜ、泣いたかというと……。

「昼間の暑い中を、今回はじめて会った日本人のわたしのために、台湾人のセンさんやソウさんがあんなにも親身になって、走りまわってくれた」

そんなことをしてくれる人はいるものではない。まして、センさんなぞは台湾で立派な結婚式場や湖南料理店、不動産会社などを経営している大きな会社の社長である。それが、自分の部下にやらせるのならまだしも、御大みずから、初対面の友だちのそのまた友だちのために、汗を流すその心根に感激しての涙だったのである。

これほどできた人物を見たことがないと、U氏は今も話す。

つまり、郭さんにはこういう友人・知人がいるということである。類は友を呼ぶといって、その人の友だちを見ることで、その人の本質がわかる。

ほかにも、台湾財閥のひとつの会社のトップであるWさんとか、彼の交友の幅は、どこまで広がっているのか想像もつかない。

郭さんの令息・幸治さんの結婚披露宴はひときわ華やかな声につつまれた。新郎新婦の初々しさもさることながら、招待客の中にテレビや新聞でよく見かける有名人の姿があったからである。

プロ野球・中日ドラゴンズのかつての抑えのエース郭源治投手と、ホームラン・キングの大豊泰昭選手、それに、競輪界のスーパー・スター中野浩一選手の顔があった。

現在もラジオで自分の番組をもつ中野浩一氏は、その日の祝辞でもすばらしいスピーチを披露。そのあとは新郎新婦をさしおいて、さながら三人によるサイン会の様相を呈した。

郭源治、大豊のふたりは現役引退後、ともに名古屋で中華料理店を開いた。その際、開店のめんどうを見たのはもちろん郭さんである。

失敗した話

そんな郭さんも、まったく失敗がなかったかというと、そうではない。失敗はだれにでもある。要は、その失敗のとき、動じないだけの度量があるかどうか、ということである。

バブル景気の真っ最中だったか、今池本店前の土地を駐車場として購入した。目の玉がとび出るくらいの値段だった。銀行はバブル崩壊を予知していたと思われるのに、そのまま高額で売りつけた。その後、地価はみるみる下がって、何分の一かの安値になったが、郭さんは文句ひとついわなかった。

平成一三年、今池本店の三階に「ジャスミン」という飲茶レストランを開いた。新しくコックも雇い入れ、名古屋ではめずらしい本格的なヤムチャの店だったのだが、今池という土地にマッチしなかったのか、それとも時期尚早だったのか、お客が入らない。赤字赤字で四年やったが、とうとう失敗に終わった。でも、いまでも残念がる古いお客がいる。

東京進出の話もあった。すすめられて現地の下見にも行き、書類もととのえて出したのだが、結局、神戸のお好み焼き屋が入って、味仙とは縁がなかった。どうも、地主はダブル・ブッキングをしていたようだ。

矢場店の麗華さんにも東京進出の話、上海出店の話があった。本店の幸治さんもロスアンゼルスのディズニーランド近くで、もう開店寸前までいって中止したことがある。

名古屋めしのいろんな店が名古屋の街にとどまらず、東京や世界に羽ばたいていくのは同じ市民として爽快である。味仙も次世代にはどんな飛躍を見せるか、楽しみでもある。

味仙名物めし

『広辞苑』（第七版）には、台湾料理という名称はないそうだ。北京料理、上海料理、広東料理はある。

では、名古屋めしは？　もちろん、まだない。京料理も加賀料理もない。第八版にはのるだろうか。

郭さんによると、台湾名産のカラスミは日本人が教えたものだそうだ。もともと台湾にはなく、中国にもないという。また、味仙の看板料理のひとつである仔袋も、台湾料理にはあるが、中国にはないらしい。

中国本土の中華料理は基本的に大皿料理で、グルグル回る丸テーブルに数人分の料理を何皿も並べて、各自が好きなものをとりあって食べる。余談だが、この回るテーブルは日本人の発明だそうだ。

これに対して台湾の料理は小吃《シャオチー》スタイルが多い。小吃とはひとり一皿で、日本の箇単な一品料理に近い食べ方だ。そういえば、盆踊りや祭り会場で見る日本の屋台の食べものと、台湾の小吃店のB級グルメとは、非常によく似ている。

台湾ラーメンが突出している味仙だが、およそ一〇〇種類あるメニューの中で、台湾由来のフードはやはり好吃《ハオチー》（＝おいしい）である。ラーメンではほかに、四川ラーメンというのもある。川野店長おすすめの逸品。これは潮州料理のひとつで、香ばしいお茶の香辛料を使い、すこしピリッとするが、そんなに辛くはない。

ちまき（粽）は日本でもつくられるが、中国本土ではむかし、ベキラ（汨羅）に投身入水した屈原を弔うための供え物であった。屈原の忌日が五月五日なので、日本では端午の節句に食べたが、台湾ちまきは長円錐形ではなく、ピラミッド形。それもかなり大きい。

日本とは形が違うちまき

作り方はなかなか面倒で、先に生の餅米を炒めてから、スープを加えて蒸す。餅米がべたべたしたらダメで、サラッとさせるのがコツ。台湾の家庭料理で、コショーをきかせたり乾燥エビを炒めて入れたり、豚肉や筍、椎茸などを、味付けしたモチ米で包み、蒸し上げる。

おにぎりの延長のように考えて高いという人がいるが、見当違いというものだ。アジアの歌姫テレサ・テンの歌にも「ちまき売りの歌」というのがある。おみやげ用に味仙の店頭でも売っている。

大根餅は「もち」とはいうものの、けっこう酒のつまみにもなる。日本の餅のようなものの中に、大根をよくつぶしたものと、香り付けの

活気のある味仙の調理場（本店）

エビが入って消化もよく、食べやすい。

手羽先というと、風来坊や山ちゃんの唐揚げ風のものを思いうかべるが、味仙のはピリ辛煮。味仙の定番メニューの中でいちばん最初にできた。

郭さんの友人に台湾のＬさんという今は亡くなった人がいた。大きな旅行社を経営していて、名古屋にくるとかならず味仙に寄って、この手羽先をみやげにもって帰るほどの惚れこみようだった。これ一個でビール一本飲めるという人もいる。これも店頭で売っている。

ビーフンは台湾では新竹が有名。奥さんの郭美英さんが育った所。これの作り方は、ヤキソバみたいにただ炒めるのではなく、乾燥したビーフンを湯がいたあと、一度風にさらして乾かしてから炒めるとおいしいとか。

ほかに、味仙にくるとどうしても外せないのが青菜炒め。これは郭さんが台湾で食べたのがおいしかったので、自分で研究して出した。味仙では青菜に小松菜や空心菜を使うことが多いが、九份ではさつま芋の葉っぱを炒めたりする。甘くておいしい。

スブタは肉を揚げてニンニクと三杯酢とをからめて出すのが台湾風で、あんかけにはしない。

ほかに、あさり炒め、イカ団子、仔袋、腸詰、豚足、特に台湾料理というわけではないがニンニク・チャーハンと焼ギョーザ、口なおしにどうしても食べたい杏仁豆腐にゴマ団子……。まだまだいっぱいある。

ああ、くやしい。満腹でもう食べられない、とお嘆きのあなた。そういう方に、とてもお得な味仙の利用法をお教えしよう。

いろんなものを少しずつ多くの種類を食べたいときは、店の奥にある個室を予約すればいい。個室利用の最低人数は八人。各自が好きなものを注文し、みんなで分けあえば安くつく。もちろん、おまかせコース料理もある。

また、北京ダックやフカヒレ・スープという高級料理も、予約をすればオーダーできる。ただし、個室予約ができるのは今池本店だけ。

若い女性に人気の杏仁豆腐

北京ダックは一品の単価としては高いかもしれないが（八〇〇〇円）、焼いたアヒルの皮を目の前で包丁を入れるパフォーマンスが見られるし、これを食べ終わったころには、皮の下の肉が別の料理となり、さらに骨の部分はスープとなって出てきて、一度で三回楽しめるので、ひとりあたり一〇〇〇〇円は決して高くない。

こういう宴会にはビールもいいが、出てくる料理のラインナップを考えると、最後はやはり中国酒が合うだろう。

中国には日本酒と同じ醸造酒として、モチ米を原料とした黄酒《ホワンチュウ》がある。俗に老酒《ラオチュウ》と呼ばれているが、古ければ古いほどよい。昔の中国人は女の子が生まれると黄酒をカメに入れて地中に埋め、その子が結婚する時期に掘り出して、宴席に供したという。

その黄酒の中で有名なのが、浙江省の紹興で造られる紹興酒。中国現代文学の父といわれる魯迅の生誕地で、『阿Q正伝』や『狂人日記』などにもそういうシーンが出てくる。味仙本店で出されている紹興酒のボトル『古越龍山』は五年もので、味もまろやか。飲みやすい。

このお酒は日本酒とアルコール度数が同じで、常温でもいいが、燗をするとなお飲み口がいい。そのとき、これに氷砂糖や干し梅を入れる人がいるが、それは邪道。安い酒をごまかすための方便で、古酒ならそんなものを用いずともとろりと旨い。

黄酒に対して白酒《パイチュウ》と呼ばれるのがある。これは日本の焼酎と同じ蒸留酒で、コーリャンや大麦、とうもろこしなどから造られる。度数も四〇度から五〇度と強いので、飲むときは要注意だ。

中国でのカンパイは文字通り杯を乾すスタイル。日本のように、ひとくち口をつけるだけの飲み方は随意《スイイー》という。

いまから四六年前、日中国交回復の祝宴で供されて有名になった茅台酒《マオタイチュウ》がこれの仲間。そのとき、中国要人ナンバー2だった周恩来首相は、広い宴会場の各テーブルをひとつひとつ回り、五〇度の酒をすべて乾杯して歩いて、ビクッともしなかったというが、ほんとうだろうか。

味仙で働くコックには、今まで自分が培ってきた料理の腕についてプライドがあるので、自分の味付けを押し通そうとする者がいる。そういう点、職人は頑固だ。

ある時、自分の店のフカヒレを食べてみて、郭さんは首をひねった。どうしても味に納得がいかない。そこで、コックを全員つれて、東京から出店している某有名中華料理店に出掛けた。そして全員にフカヒレ料理を食べさせて、これが日本人好みの味である、と経験させた。

これはかなりの出費とはなったが、店主自身が口頭で注意するよりは効果があったようだ。

こうやって味仙のメニューを見てくると、B級グルメだけではない。B級から超A級まで、実に幅広いラインナップがそろっている。グループで個室を使えば、それらの料理が割安で食べられる店はなかなかあるものではない。

郭さんはお客さんの好み、日本人の味覚というものに対して特に気をつかっている。コックを雇い入れる時、最初に注意するのは調理のスピードよりも、日本人の口に合う味を覚えさせることである。いくらそれが本場の味でも、日本人の口に合わなければどうしようもない。中国人は油っこいものに慣れているので、少々の油も気にしないが、日本人のお客さんには肉の脂が口に残るようではダメだと、口をすっぱくして注意している。

郭さんがまだ現役で調理場にいたころは、フランス料理以外は何でも、自分で活用できると思ったら変化させて利用した。それで、カレイの唐揚げに三杯酢をかけてネギとセロリを刻んだものをのせて出したら、香りがいいといって、歌手の岩崎宏美が新聞に書いてくれて、一躍有名になったこともある。

とにかく中華料理というものは、あの長い歴史と広大な土地の産物なのだから、この料理をすべて食べることは、たとえ歴代の皇帝といえどもできないことだ。ましてや、日本人で中国料理のグルメを自称するのは無謀というものである。

最後に、郭明優さんの人となりを示すエピソードをひとつ。

郭さんには好きな数字がある。プライベートなラッキー・ナンバーで、それは「2」という数字。なぜ、それが好きかというと、

「1番だと、それ以上うえはない。1番を目指すという意味で、その下の2を選んだ」

明日は1番になろう、という「あすなろ精神」である。

ところが、指で「2」を示すとき、その形が「V」になって、ビクトリー＝「勝利」

につながるという人もいる。

まだまだ勝ったという気はないが、ともかく、常にお客さんに感謝し、従業員にも感謝しながら前へ進めば、「2」の次の数字はおのずから見えてくるというものだ。

第九章　味仙本店の女将に聞く

ここでも内助の功

ＮＨＫ朝の連続テレビ小説『まんぷく』が好評のようだ。モデルは日清食品の創業者で、チキンラーメンの生みの親である安藤百福さんと妻の仁子さん。

百福さんの創ったインスタントラーメンは二〇世紀最大の発明といわれ、世界の飢餓を救った。このとき百福さんは、自社だけで商品製造を独占せず、「野中の一本杉より森として繁栄せよ」といって、世界の会社にその製法を開放した。そのため、今や地球上どこでもいろんなカップヌードルは食べられるようになった。

ドラマは遅咲きの実業家の奮闘と内助の功を描くのだが、妻の力は偉大なりといった展開になる。耐えるだけ、夫を支えるだけでなく、自分が引っ張っていく強い女性に成長する。いわば、時代とともに女性が変わっていく物語でもある。

味仙物語でも同じだ。台湾ラーメンを創り出し、それを味仙一店でひとり占めせず、同業者にも門戸を開放したのは郭明優さんである。そのため名古屋市内だけでも二〇〇店以上のラーメン屋さんで台湾ラーメンがメニューアップされている。名古屋のご当地ラーメン、名古屋めしとして、広くどこでも食べることができる。

その発祥の店である味仙を今池一店にとどめず、中部国際空港店、ＪＲ名古屋駅店、大名古屋ビルヂング店と事業拡大していったのは妻の郭美英さんの力に負うところが大きい。そこには、ＩＴの導入から組織の近代化など、変わりゆく先進技術や経営学を果敢にとり入れる女性特有の柔軟さと度胸の良さが生きている。

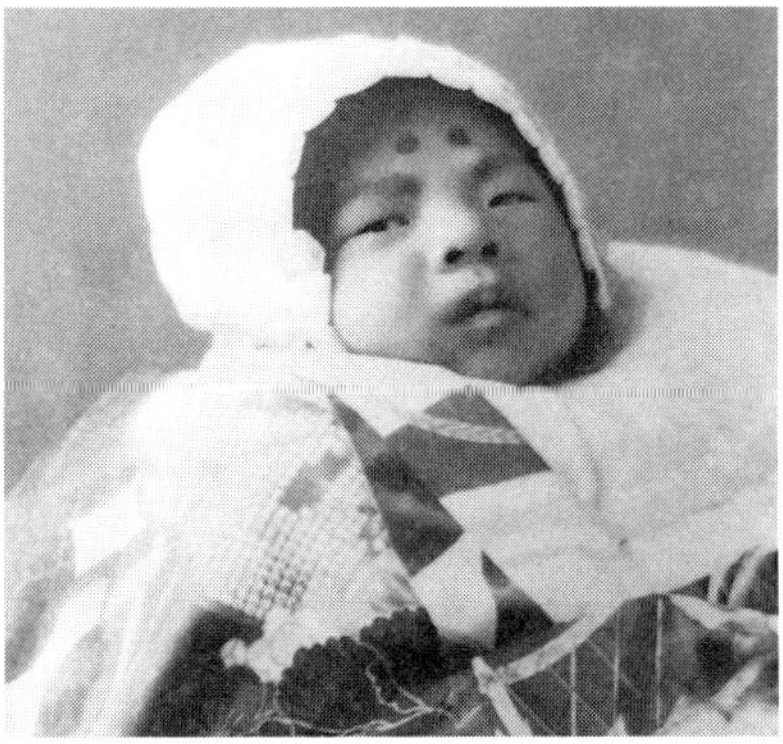
生後３カ月ころの美英

とかく人間は高齢になると思考・行動が内向きになる。男性の方がその傾向が強い。美英さんは今年六九歳で高齢というわけではないが、これだけ大きくなった事業でも守りに入ることなく、外向きに攻める姿勢をもっている。むしろ、今がいちばんの円熟期にあるのではなかろうか。

少し長ったらしい名前だが、全国中華料理生活衛生同業組合連合会から、郭明優さんは平成二五年に、郭美英さんは平成二九年に表彰された。

名古屋のラーメンとしては台湾ラーメンがいちばんと、同業の人たちが認めてくれた証である。それも中部地域の会ではなく、全国組織からの表彰というところに意味がある。

つまり、天津飯と同じように、日本在住の料理人が新しい中華メニューを作った功績をたたえるというわけだ。全国どこでも通用する台湾ラーメンの認定を夫婦そろって受けるという例は非常にめずらしいことではないか。

とにかく、そんな味仙本店の女将である郭美英さんに、これまでの苦労話と事業拡大の裏話を聞くことができた。

日本・名古屋・今池へ

――まず、子どものころのことから伺いましょう。

郭美英「お母さんが日本人で、わたしの生まれたのは神戸の三宮。お母さんの実家は名古屋の緑区。きょうだいは四人でわたしがいちばん上。弟が二人、妹が一人。お母さんはすごくまじめで、几帳面な人だった。たとえばお箸の並べ方とか。

神戸の幼稚園にスクールバスで通っていて、小学校に入るか入らないときに、お父さんが台湾に帰るのでお母さんがついていった。お父さんは台湾でいろんな商売をやっていた。山をもっていたから そこの炭を卸で売ったり、地方の小さい新聞を発行したり、毛糸の編み機の卸し売りと編み物教室も開いていた」

――明優さんとの結婚のころは？

郭美英「主人がちょくちょく台湾に料理の研究にきていて、人の紹介で知

若いころの２人

り合いました。わたしの母が日本人で、おじいさんおばあさんも名古屋にいる。主人も名古屋ということで（親密になった）。わたしの母親としては、知り合った人と日本に行くことは何も違和感はなかったし、両方が良ければということで、スンナリ話がまとまった」

――でも、その時はまだ若かったでしょう?

郭美英「一八。逆に若かったからね。今の一八歳の娘は何でもわかっているでしょうけど、そのころのわたしたち一八歳は何もわからない。ああそうか、日本か。おじいさんおばあさんがいる所。だからおそろしくもないし、特別のうれしい夢もあるわけじゃないし、自然の流れでそうなった。

来るまでは何も感じなかったけど、日本に来てから寂しさが湧いてきた。日本語は家でお母さんと話していたから、下手だけど、話すことは全然不自由はしなかった。ただ、友だちがいない。同級生がいない。その時、店をやってたからすぐ店を手伝って、友だちができる機会がなかった」

夕方四時から朝の四時まで

明優・美英のふたりが結婚した昭和四一年はどういう年だっただろうか。イギリスのロック・グループ「ザ・ビートルズ」が来日して、日本の若者を熱狂させたのがこの年の夏。それに合わせるように、テレビがカラー化して、庶民の娯楽になっていく。

——一八歳で日本にきて、どうでした？

郭美英「最初の木造の時の店は、一階が店で、上に部屋が三つ。そのころはきょうだい全員いっしょだったよ。下の弟の政良は小学生。茂藏だけは豊田の店に行ってた。だから大勢で大変だったよ。

わたしが（店を）やり始めた時は、主人のお母さんと、もう一人住み込みのアルバイトみたいな人がいて、三人でやってた。お母さんが厨房の仕事をやって、そこでわたしも料理を覚えて。

夕方四時から朝の四時まで営業した。四時からやるということは、二時前に準備にかからないかん。朝四時に終わって、掃除片付けしたらもう五時過ぎ。それをずうっと続けた」

――そのころのお客さんの入りはどのくらい？

郭美英「まあ、そこそこというか。ヒマではなかったけど、今みたいに忙しいというほどではなかった。並ぶほどではなかった。それでも店あけたら、料理もつくり、注文もきかないかん、皿は洗わないかん、会計もせないかん。とにかく全部やるのよ。

店は小さいけど、すごい大変だった。まだ一八だから一生懸命やったけれど、台湾から来たから……実家が名古屋だったら帰っとった。それぐらいえらかった」

――若いから乗りきれた？

昭和46年ころ「柳麺100円」
(赤ちゃんは娘の青海さん)

リニューアルオープンした当初の今池本店

郭美英「子どもが生まれる前、お腹が痛くなるまで働いとったもんね。こんな大きなお腹で。ああ、痛くなった、破水したいうて、それから病院に行ったもん。休む暇なんかないし、入院は一週間。退院したらすぐ仕事。そんなゆっくり寝かしてもらえる（環境）じゃなかった」

――それじゃ、子育てもきつかったですね。

郭美英「二人おるけど、上の子も下の子も（店に）ベビーカー置いて仕事やってた。オンブは危ないから。それで、ワーッと泣き出したら、ニンジン切って口にくわえさして、ハイ舐めとって。また泣き出したら今度はキューリしゃぶらせて。

それで寝ちゃったら二階につれて行ってベッドに置いとくの。また下の店で仕事しとって、時々ターッと走って見に行くだけ。もうね、働くのに精いっぱい。寝る時間もほとんどなかった。

店は年末年始の二日間だけ休んで正月の二日から営業して、ベビーカー置いてたら、子どもにお年玉ようくれるの、お客さんが。あのころはそういう風潮があったんだね」

台湾ラーメンの生まれたころ

昭和四十五年はどんな年だったのか。

大阪の千里丘陵で万国博覧会が開催された。岡本太郎の太陽の搭をシンボルに、アメリカ館の月の石を見に長蛇の列ができた。そして、あの台湾ラーメンが誕生した年でもある。

――そろそろ台湾ラーメン誕生のことを聞きたいんですが。

郭美英「最初のころはコックさんも少なかったから、まかないで好きなものを作って食べとった。今もそうだけど。台湾では排骨飯というドンブリご飯の上にミンチとか高菜やスペアリブのせたりするのがある。担仔麺も小さい麺の上に辛くないミンチをのせて、ニラもやしのせて、スープをかける。

その時、主人が担仔麺を自分で作って従業員にも食べさせたりしてた。辛いのは自分が辛いのが好きで、工夫してる間に、ニンニク入れたり、トウガラシ入れたりして辛くした。

あのころは店がアットホームな感じやから、店開ける前から知り合いが入ってくるのよ。今なら時間にならないと開けないけど。それでカウンターに座ってて、「おい。それ、おいしそうやな。オレにもくれぇ」という感じだった。そこで食べてもらったら、「これ、おいしいやん」といわれ、自分たちだけで食べとったんやけど、メニューに入れようか、というところから始まったのね」

――それからタクシーの運転手さんやホステス、学生さんなんかのクチコミで広がっていった。

郭美英「あの人は運が強いというか、辛いということが成功したというか受けたわけ。あのころ、日本に辛いラーメンってなかった。辛いのは韓国料理のキムチくらい。ラーメンで辛いのはわたしの記憶にはないのよ。それがめずらしい、おいしいと人気になったと思う。

お客さんが「台湾ラーメンて、みんなこんな辛いのかい。台湾に行ったら辛くなかったよ」といわれるけど、台湾料理には少ないです。うちは台湾料理をアレンジして出しているんです、という」

――それからマスコミに取り上げられて、一気に……。

25歳ころの美英さん

郭美英「それで名古屋めしにもなり、郭きょうだいの店もでき、みんな忙しい。みんな自社ビルを建てて、どこも忙しい。その大本は本店の台湾ラーメンじゃないかと思うんだけど」

セントレア空港店を聞く

――中部国際空港に出店する時はどうだったんですか。

郭美英「明優も税理士さんもみんな反対だった。というのは、そのちょっと前にバブルが崩壊して、景気は良くなかったから。

関西空港開港の一〇年後に中部空港の話があって、空港というのは、国際線となると今度できるここ(セントレア)しかない。中部の玄関口という頭があったもんで(わたしは)やるといった。

税理士さんも長年税理の仕事してきて、この時代(平成一七年)にやるというのは止めた方がいいって。敷金やテナント料や何もかも高いの。でも、わたしはやる気まんまん。周りは反対でも、やるいうてやった」

――で、やってみてどうでした？

郭美英「たまたま愛知万博がいっしょの年にオープンしたのね。普通、新築オープンというのは三日間は大入りだけど、あとは普通。あそこは一年続いた。わたしも二カ月くらい毎日通った。もうくったくた。

朝一〇時オープン。昼二時ごろお客さんは一度ひいて五時ごろからまた入るのが普通だけど、あそこは二時三時四時もずうっと並んどる。休憩の時もエレベーターの中で従業員も無言。疲れきって。「これ、いつまで続くかな」。そんな感じ。

それが一年くらい続いた。わたしも予想してなかったたし、誰も予想しなかったけど、わたしは空港だから海外からも来る、県外からも来る、味仙のブランドはある、で名古屋から発信するのにはいい場所と思った」

――出店に反対した人たちはギャフンでしょう。

郭美英「でも、わたしはいけると思ってた。空港のあそこは最初『ちょうちん通り』として、ラーメン屋しか入れなかった。だから、うちもはじめはラーメン、ギョーザくらいしか売らなかった。するとお客さんに、青菜ないの、チャーハンないのっていわれて、万博終わって落ち着いてから料理を作るようになった」

――JR名古屋駅店の方はどうでした？

郭美英「図面見せてもらったの。お客の流れとしては新幹線からすぐの所ということで、太閤通りからもすぐ入れる。それに（将来）リニアが新幹線の方に来るという話もチラッとわかったので、ここいいかなと思った」

先進技術も駆使して

――スマホやパソコンも使いこなしておられるとか。

郭美英「わたし、パソコン全然できんかった。店で導入したからすぐ扱わないかんでしょ。お客さんも業者も全部メールでくる。そしたらメールで返事するしかない。画像送って下さいといわれて、もうすごい苦労した。

今は自分のスマホとパソコンを使えるけど、最初は一個も打てんかったのよ。やらざるを得ないからやった。だって、パソコンなかったら回っていかん。むかしは複写用紙のついた注文書に書いて、用紙をピッと切って、伝票もって一階二階と走らないかん。それでわたし（現場に）ハンディ機をとり入れた。そんなもんできんとかいうとったけど、どんだけ便利になったか」

——夫婦の性格は違う方がいい？

郭美英「主人は時と運をつかめたからだと思う。必死で探しまわってきたわけではない。ただ、時をつかまえて運をつかんだら、一生懸命やっている。若い時はいろいろ料理も研究したし、店に出た時はお客さんと愛想よくおしゃべりしてた。料理作るのは好きだったから、いろいろ作って（メニューを）ふやしたり、市場に買い出しに行ったりしとった」

——お店の雰囲気も変わりましたねえ。

郭美英「今は女の子でも入りやすい。ひとりでも食べにくる。うちはコース料理やってても、ラーメン一杯でも入りにくいことはないのね。台湾ラーメン一個でも全然平気。台湾ラーメン一個だったら恥ずかしいということ

明優の還暦祝い 長男幸治（左）と長女青海（右）と

がない。平気で入ってくる。逆にものすごく食べるお客さんもいるし。きょうはいっぱい食べてきたから杏仁豆腐だけちょうだい。いいですよって。うちの杏仁豆腐、おいしいのよ」

結婚して今年で五二年目。子ども二人、孫五人に恵まれ、同じ敷地内に三世代同居という羨ましい環境に住まうご夫婦の仲は良い。趣味は、明優さんのゴルフと競輪に対し、美英さんは旅行と社交ダンスと好みは分かれるが、仕事のパートナーとしては最強のペアかもしれない。

●あしあと《味仙と社会の出来事》

・昭和15年　1940　郭明優、郭宗仁・王蘭の長男として誕生。
紀元二千六百年記念式典、提灯行列など繰り広げられる。
・昭和20年　1945　名古屋城焼失、三河地震、敗戦。
郭一家、神戸より名古屋へ転居、笹島に「万福」をオープン。
大須に移転、天ぷら屋、射的屋をオープン。
・昭和25年　1950　池田蔵相「貧乏人は麦をくえ」と発言。
・昭和27年　1952　血のメーデー（皇居前広場）、大須事件（名古屋）起きる。
・昭和28年　1953　郭一家、笹島に戻って「大和食堂」をオープン。
NHK「ジェスチャー」の放送を開始。
・昭和29年　1954　中日、西鉄を破り日本一に。杉下投手大活躍。
名古屋テレビ塔、久屋大通公園内に完成。

・昭和31年　１９５６　ＣＢＣ、民間初のテレビ放送を開始。
・昭和32年　１９５７　笹島にて店名を「味仙」に変え、リニューアルオープン。
ソ連、スプートニクの打ち上げに成功。
・昭和34年　１９５９　伊勢湾台風襲来、名古屋に大被害もたらす。死者五〇九八人。
名古屋城天守閣、再建。
安保闘争、三池争議始まる。
・昭和36年　１９６１　大鵬・柏戸、そろって横綱に昇進。
・昭和37年　１９６２　味仙、今池の現在地に移転、オープン。
ＹＳ11、名古屋で初飛行に成功。
・昭和39年　１９６４　東海道新幹線の営業始まる。
東京オリッピック開催。
・昭和41年　１９６６　郭明優、美英（当時一八歳）と結婚。
ザ・ビートルズ来日。
・昭和43年　１９６８　飛騨川バス転落事故、死者一〇四人。

・昭和45年　１９７０
東京・府中で三億円事件発生。
台湾ラーメン誕生。
大阪万博開催。

・昭和48年　１９７３
オイルショック、トイレットペーパー騒動。
味仙八事店（弟・茂藏）オープン。

・昭和51年　１９７６
ロッキード事件で田中前首相を逮捕。
台風17号が猛威、長良川決壊。

・昭和52年　１９７７
中野浩一、世界自転車選手権で優勝、以降一〇連覇達成。

・昭和53年　１９７８
キャンディーズ解散コンサート。
名鉄瀬戸線、栄へ乗り入れ。

・昭和56年　１９８１
味仙下坪店（妹・麗華）オープン。

・昭和57年　１９８２
トヨタ自工・トヨタ自販合併。

・昭和58年　１９８３
味仙藤が丘店（妹・黎淑）オープン。
東京ディズニーランド開園。

・昭和62年　１９８７　味仙焼山店（弟・政良）オープン。
　　　　　　　　　　　石原裕次郎、死去。
・昭和63年　１９８８　母・王蘭死去、享年七三。
　　　　　　　　　　　ふるさと創世事業として市町村に一律一億円を配布。
・平成元年　１９８９　昭和天皇死去（一・七）、平成となる。
　　　　　　　　　　　伊藤みどり、フィギュアスケート選手権で金を獲得。
　　　　　　　　　　　美空ひばり死去。
・平成６年　１９９４　小牧空港で中華航空機、着陸に失敗。死者二六四人。
・平成７年　１９９５　阪神・淡路大震災、オウム地下鉄サリン事件。
　　　　　　　　　　　ウインドウズ95日本語版発売。
・平成11年　１９９９　藤前干潟埋め立て断念、環境への関心高まる。
　　　　　　　　　　　味仙矢場店（妹・麗華）オープン。
・平成13年　２００１　味仙今池本店（明優）リニューアルオープン。
　　　　　　　　　　　米で９・11テロ事件発生、死者三〇〇〇人以上。

・平成14年　２００２　今池本店に「ジャスミン」オープン、四年後に閉店。
・平成15年　２００３　ダイエー、産業再生法適用申請。
米英軍、イラクを攻撃。
・平成17年　２００５　愛・地球博、名古屋で開催。中部国際空港開港。
味仙中部国際空港店（妻・美英）オープン。
・平成19年　２００７　名古屋市長に河村たかし氏就任。
味仙竹の山店（弟・政良）オープン。
・平成20年　２００８　北京オリンピック開催。
四川大地震、死者・行方不明九万人弱。
・平成23年　２０１１　東日本大震災、三陸沖地震でＭ９・０。
・平成24年　２０１２　６３４（武蔵）メートル、東京スカイツリー完成・開業。
中山伸弥京都大学教授、ｉＰＳ細胞でノーベル賞受賞。
・平成25年　２０１３　味仙名古屋駅店（妹・黎淑）、柳橋中央市場近くにオープン。
・平成26年　２０１４　消費税８％スタート。

・平成27年　２０１５
味仙ＪＲ名古屋駅店（妻・美英）オープン。
味仙大名古屋ビル店（明優）オープン。
訪日観光客急増、爆買いも話題に。

・平成28年　２０１６
今上天皇心情を表明、生前譲位論活発化。

・平成29年　２０１７
アメリカでトランプ大統領就任。
十四歳棋士藤井聡太四段二九連勝の新記録を樹立。
弟・茂藏死去、享年七三。

・平成30年　２０１８
元中日監督星野仙一死去。

国方 学（くにかた・まなぶ）
昭和一九年（一九四四）香川県生まれ、立命館大学中国文学科卒。
FM愛知の外郭団体「FMセンター」に勤務、PR関係の仕事に従事。三〇歳で語学研修のため台湾・新竹に一カ月留学。昭英高校（福井県）で四年間、国語の教師を務める。
その後、名古屋へ帰り、守山区内で居酒屋「やん八」を開業、三年前に閉店するまで三七年間従事。現在、中部ペンクラブ会員、「弦」「ムー」同人。著書に『青い鳥は生きている』（ポプラ社）がある。

台湾ラーメン味仙の秘密

平成三一年一月一日発行
定価＝一三〇〇円＋税

著　者　国方　学
発行者　舟橋武志
発行所　MYTOWN NAGOYA
ブックショップ　マイタウン
〒453・0012　名古屋市中村区井深町一・一
新幹線高架内「本陣街」二階
TEL〇五二・四五三・五〇二三
FAX〇五八六・七三・五五一四
URL http://www.mytown-nagoya.com/